十力
文化

國考館

圖解公司法

第四版

國家考試的第一本書

法學博士
錢世傑 — 著

金融海嘯

體系更為完整的第四版

感謝廣大讀者的支持，本書第一版於2012年上市，至今已進入第四版。為了能夠與世界接軌，以及健全公司體制、善盡企業之社會責任，公司法於近年有著相當程度的修正，本版除為讀者更新相關資訊之外，更精選了許多最新的考題並加以解析。

一看就懂的法律圖解書籍

筆者投入法律圖解書籍已多年，深知許多法律初學者最難克服詰屈聱牙的法律條文，往往得耗費一番心力，才能抓住條文的大概觀念。一旦面臨複合型考題，常常因為基礎概念建立不夠深刻，容易迷失在錯綜複雜的法條中，只能看著試題一籌莫展。

而筆者的「國家考試的第一本書」系列並不深究學說上的理論，僅針對國家考試的重點出題方向，進行深入淺出的解說，期許幫助讀者完全理解並能達到快速解題的目標。

在許多國家考試中，尤以公司法常常讓讀者感到困擾，單以法學知識、法學大意的領域來看，總會出現不少公司法相關考題，這也往往是能否上榜的關鍵分數。因此，有許多讀者反映不知公司法這一科該怎麼讀？在本書中，筆者以實際案例，搭配圖像及簡明扼要的文字解說，轉化生硬的文字，以更平易近人的方式釐清法條中的概念。希望帶領讀者透過不同層次、角度的觀察，更能輕鬆建立法律概念，成功跨進國家考試的大門。

系統性統整，——解析關鍵概念

筆者在多年教學經驗中發現，少了系統性統整和記憶技巧設計的考生，往往難以釐清法條重點。尤其，公司法有四百多項條文，除非學習過專門之課程，否則很難一次將所有的觀念學完、學好。

為了提供讀者更好的選擇，本書延續著圖解法律書系的出版精神，統整公司法的內容，以文字搭配圖解的內容，期許幫助讀者能夠更快速地掌握公司法的概念。在各章節最後皆附上歷屆選擇型考題，讓讀者在閱讀之後能夠檢視自己的學習成果，輔以增補資料，對於這一門考試科目應該就不會有太大的問題。

基本上，公司法最大的問題在於專有名詞概念不容易釐清，再加上很多人並沒有投資理財的相關觀念，因此對公司的營運模式更是一頭霧水，更難理解公司法內容。筆者以個人在商事法上的教學經驗為基礎，將許多實務上發生的案例以及投資理財的基本觀念，以輕鬆易懂的敘述方式，讓讀者除了可以學習公司法知識和國家考試的題目外，還可以瞭解如何建立基本的投資理財能力，深化對公司法的學習興趣。

相信在建好基石的情況下，必能以最短的閱讀時間，得到最有效的學習成果。

錢世傑

中華民國113年4月15日

目 錄
CONTENTS

序

第一篇

總論

公司法分成無限公司、有限公司、兩合公司，以及股份有限公司四種。這四種公司之各別規定，分別規範在各論之中，至於相同之規定，則抽離出來成為總論中所要討論之內容。

1 公司之意義

一 公司之基本概念

本（公司）法所稱公司，謂以營利為目的，依照本法組織、登記、成立之社團法人。（公§1Ⅰ）例如鴻海公司、中鋼公司等。

㈠公司是法人

閱讀公司法之前，應先瞭解民法之基本規定。

民法中所謂之人，包括自然人以及法人。自然人規定於民法第6-24條，法人則規定於民法第25-65條。其基本規定如：法人非依本法或其他法律之規定，不得成立。（民§25）法人於法令限制內，有享受權利、負擔義務之能力。但專屬於自然人之權利義務，不在此限。（民§26）

公司法是民法「法人」章節之特別法。法人分成社團與財團的章節，其中有關於公司之部分，是社團之章節，也就是民法第45-58條之規定。

㈡公司是營利社團法人

法人可以分為社團法人及財團法人，社團法人是以人為基礎，基於共同目的所結合之團體；財團法人則是以財產為基礎，許多醫院、海基會都屬於財團法人。社團法人又可以區分成營利與非營利，公司以營利為目的，所以屬於營利社團法人；至於所謂的非營利社團法人，常見如公益團體，即屬於非營利社團法人。（參見右頁上圖）

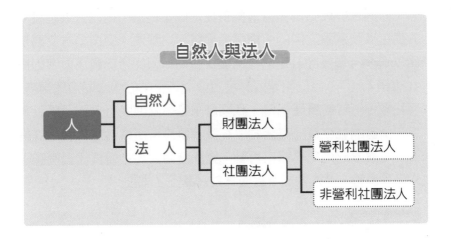

(三) **公司的社會責任**

　　公司經營業務，應遵守法令及商業倫理規範，得採行增進公共利益之行為，以善盡其社會責任。（公 § 1 Ⅱ）

　　按公司在法律設計上被賦予法人格後，除了能成為交易主體外，另一層面之意義在於公司能永續經營。誕生於17世紀初之公司，經過幾百年之發展，民眾樂於成立公司經營事業，迄今全世界之公司，不知凡幾，其經濟影響力亦日漸深遠，已是與民眾生活息息相關之商業經濟組織。

　　尤其大型企業，可與國家平起平坐，其決策之影響力，常及於消費者、員工、股東、甚至一般民眾。例如企業所造成之環境污染、劣質黑心商品造成消費者身心受害等，不一而足。公司為社會之一分子，除從事營利行為外，大多數國家，均認為公司應負社會責任。

公司社會責任之內涵包括：公司應遵守法令；應考量倫理因素，採取一般被認為係適當負責任之商業行為；得為公共福祉、人道主義及慈善之目的，捐獻合理數目之資源。又按證券交易法第36條第4項授權訂定之公開發行公司年報應行記載事項準則第10條第4款第5目已明定公開發行公司年報中之「公司治理報告」應記載履行社會責任情形。我國越來越多公開發行公司已將其年度內所善盡社會責任之活動，在其為股東會所準備之年報內詳細載明，實際已化為具體之行動。鑒於推動公司社會責任已為國際潮流及趨勢，導入公司應善盡其社會責任之理念。

實務見解　公法人與私法人

公營事業依公司法規定設立者，為私法人，與其人員間，為私法上之契約關係，雙方如就契約關係已否消滅有爭執，應循民事訴訟途徑解決。行政法院60年度裁字第232號判例，認為此種公司無被告當事人能力，其實質意義為此種事件不屬行政法院之權限，與憲法尚無牴觸。至於依公司法第27條經國家或其他公法人指派在公司代表其執行職務或依其他法律逕由主管機關任用、定有官等，在公司服務之人員，與其指派或任用機關之關係，仍為公法關係，合併指明。(釋字第305號解釋)

相關考題

公司係以營利為目的所組織之：　(A)財團法人　(B)社團法人　(C)非法人團體　(D)自然人　　　　　　【98國安局五等-法學大意】		(B)

Note

2 公司之種類

一 基本分類

公司法所規定的公司類型有四，包括無限公司、有限公司、兩合公司以及股份有限公司。

公司分為下列四種：（公 §2 I）

(一)無限公司：指2人以上股東所組織，對公司債務負連帶無限清償責任之公司。

(二)有限公司：由1人以上股東所組織，就其出資額為限，對公司負其責任之公司。

(三)兩合公司：指1人以上無限責任股東，與1人以上有限責任股東所組織，其無限責任股東對公司債務負連帶無限清償責任；有限責任股東就其出資額為限，對公司負其責任之公司。

(四)股份有限公司：指2人以上股東或政府、法人股東1人所組織，全部資本分為股份；股東就其所認股份，對公司負其責任之公司。

立法理由：修正將股份有限公司7人以上改為2人以上股東，以規模而言，股份有限公司一般無論在股東人數、員工人數及資本額均較有限公司為大，且有限公司大多都屬家族性中小企業，故而將有限公司修正為1人以上股東所組成，以符合實際。

二 其他分類

(一)本公司與分公司：本法所稱本公司，為公司依法首先設立，以管轄全部組織之總機構；所稱分公司，為受本公司管轄之分支機構。（公 §3 II）分公司不具有獨立人格與獨立財產。

(二)公營公司與民營公司：所謂公營公司，是指公股超過50%之
公司；民營公司，則是指民股超過50%之公司。

(三)本國公司與外國公司

本法所稱外國公司，謂以營利為目的，依照外國法律組織登
記之公司。（公§4Ⅰ）

在國際化之趨勢下，國內外交流頻繁，依外國法設立之外國
公司既於其本國取得法人格，我國對此一既存事實宜予尊重。且
為強化國內外公司之交流可能性，配合實際貿易需要及國際立法
潮流趨勢，爰廢除外國公司認許制度

外國公司，於法令限制內，與中華民國公司有同一之權利能
力。（公§4Ⅱ）

本法廢除認許制度後，外國公司於我國究有如何之權利能
力，宜予明定。

相關考題

依公司法規定，下列何者為受本公司管轄之分支機構，不具有獨立人格與獨立財產？　(A)分公司　(B)總公司　(C)子公司　(D)孫公司　【96四等身心障礙特考-法學知識】	(A)
所謂公營公司或國營公司，係指公司由政府持股至少超過多少百分比？　(A)33%　(B)50%　(C)60%　(D)80%　【96四等身心障礙特考-法學知識】	(B)
下列何種公司得成為公開發行公司，並於日後上櫃或上市？　(A)無限公司　(B)兩合公司　(C)有限公司　(D)股份有限公司　【97高考三級-法學知識與英文】	(D)
依我國公司法之規定，所謂具有中華民國國籍之公司係指下列何者而言？　(A)該公司之董事長具中華民國國籍　(B)該公司之最大股東具中華民國國籍　(C)該公司依中華民國公司法設立　(D)該公司之地址在中華民國　【96四等退除役轉任公務-法學知識與英文】	(C)

3 公司之名稱

■ 公司名稱之概念

公司名稱，應標明公司之<u>種類</u>。（公§2Ⅱ）標明種類非常重要，因為交易對象若是無限公司，股東的責任為連帶責任，對於交易之他方債權較有保障；相較於有限公司，僅就其股份負有限之清償責任，對於交易之他人債權較無保障。因此，標明公司種類，讓交易之一方能藉此瞭解交易過程中是否有所保障，實屬相當重要。

實務案例　一家人同店名，不同行

走在屏東縣潮州鎮上，不論銀樓店或賣農藥、種子、金紙，店名都叫「伯奇」，這幾家的老闆是兄弟姊妹，他們用父親戴伯奇的名字做店名，但各做各的生意，絕不同行。

㈠排他效力

公司名稱，應使用我國文字，且不得與他公司或有限合夥名稱相同。二公司或公司與有限合夥名稱中標明不同業務種類或可資區別之文字者，視為不相同。（公§18Ⅰ）

例如台塑牛小排、台塑健身中心，雖然都是「台塑」，但是一個是餐飲業，一個是健身中心，所以是不同的公司。

㈡營業項目不受限制

公司所營事業除許可業務應載明於章程外，其餘不受限制。（公§18Ⅱ）

(三)營業項目代碼表登記

公司所營事業應依中央主管機關所定營業項目代碼表登記。已設立登記之公司，其所營事業為文字敘述者，應於變更所營事業時，依代碼表規定辦理。（公§18Ⅲ）

為簡政便民，自民國87年1月1日起實施公司營業項目代碼化作業，新設立或新增所營事業者，其所營事業應依「公司行號營業項目代碼表」規定辦理。惟之前已設立登記之公司，其所營事業多為文字敘述，範圍未臻明確，致公司或招標單位需反復詢問其對應之新代碼。為提升行政效率並全面推動代碼化措施，以利業務運作，爰增列第3項規定。

(四)名稱使用之禁止

公司不得使用易於使人誤認其與政府機關、公益團體有關或妨害公共秩序或善良風俗之名稱。（公§18Ⅳ）

(五)公司名稱之核准

公司名稱及業務，於公司登記前應先申請核准，並保留一定期間；其審核準則，由中央主管機關定之。（公§18Ⅴ）

(六)公司名稱冒用之禁止

未經設立登記，不得以公司名義經營業務或為其他法律行為。（公§19Ⅰ）

違反前項規定者，行為人處1年以下有期徒刑、拘役或科或併科新臺幣15萬元以下罰金，並自負民事責任；行為人有2人以上者，連帶負民事責任，並由主管機關禁止其使用公司名稱。（公§19Ⅱ）

4 公司之能力

一 權利能力限制之概念

公司權利能力，是指享受權利、負擔義務之責任，但是公司權利能力仍然應該受到性質上以及法令上的限制。公司法現有規定所為之限制，包括無限責任股東、合夥事業合夥人之限制（公§13 I）、轉投資限制（公§13 II）、公司資金貸與之限制（公§15），以及公司為保證人之限制（公§16）。

二 侵權行為能力

公司亦有侵權能力，但是公司只是一個組織體，其所為之侵權行為也是透過自然人代表之行為所造成。

現行公司法規定，公司負責人應忠實執行業務並盡善良管理人之注意義務，如有違反致公司受有損害者，負損害賠償責任。（公§23 I）這一項規定之被害人為「公司」。

公司負責人對於公司業務之執行，如有違反法令致他人受有損害時，對他人應與公司負連帶賠償之責。（公§23 II）這一項規定之被害人為「他人」。公司負責人對於違反第1項之規定，為自己或他人為該行為時，股東會得以決議，將該行為之所得視為公司之所得。但自所得產生後逾1年者，不在此限。（公§23 III）

公司職員所為之行為，若造成公司之損害，還可能觸犯刑法背信罪，另外，對於第三人所造成之損害，第三人可以主張侵權行為人（受僱人）與其僱用人負連帶賠償責任。（民§188）

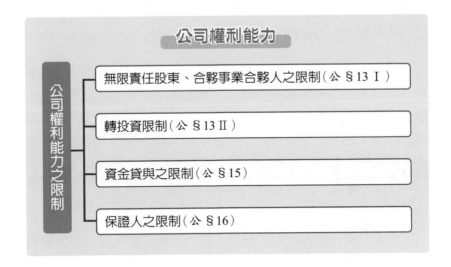

公司權利能力

公司權利能力之限制
- 無限責任股東、合夥事業合夥人之限制（公§13Ⅰ）
- 轉投資限制（公§13Ⅱ）
- 資金貸與之限制（公§15）
- 保證人之限制（公§16）

三 行為能力

公司只是一個組織體，自身並無法為任何行為，並須透過自然人擔任其代表，由自然人代表所為之行為視為法人所為，其法律效果歸屬於公司。依據民法第27條第2項規定：「董事就法人一切事務，對外代表法人。董事有數人者，除章程另有規定外，各董事均得代表法人。」

因公司種類不同而有不同的代表機關：

㈠無限公司：公司得以章程特定代表公司之股東；其未經特定者，各股東均得代表公司。（公§56Ⅰ）

㈡有限公司：有設董事長，則由董事長對外代表公司，無設董事長，則由董事代表公司。（公§108Ⅰ）

㈢兩合公司：原則上由無限責任股東對外代表公司。（公§122反面解釋）

㈣股份有限公司：董事長對外代表公司。（公§208Ⅲ）

四 資本維持之限制

　　基於「資本維持原則」，公司如果擔任無限責任股東、合夥事業合夥人，因為要負擔連帶責任，恐影響企業資金之正常運作，故公司法特與以禁止之。（公§13Ⅰ）即便是公司為他公司之有限責任股東，也不能漫無限制，故除非有下列情況外，公開發行股票之公司原則上不能超過實收股本的百分之四十（公§13Ⅱ）：

　㈠投資為專業

　㈡公司章程另有規定

　㈢代表已發行股份總數三分之二以上股東出席，以出席股東表決權過半數同意之股東會決議。公開發行股票之公司，出席股東之股份總數不足前開定額者，得以有代表已發行股份總數過半數股東之出席，出席股東表決權三分之二以上之同意行之。（公§13Ⅲ）若章程有較高之規定者，從其規定。（公§13Ⅳ）

　　前開百分之四十投資總額之上限，公司因接受被投資公司以盈餘或公積增資配股所得之股份，不計入此投資總額。（公§13Ⅴ）公司負責人違反第1項或第2項有關投資之規定時，應賠償公司因此所受之損害。（公§13Ⅵ）

五 資金貸與之限制

公司之資金主要是從事於公司營運之用，如果任意將之借貸給其他人，恐生弊端。尤其是公司營運之人若藉由掌控公司之權力，藉機向公司借貸，卻行掏空之實，即有侵害其他股東權益之疑慮。因此，公司原則上不得貸與股東或任何他人。但是，有下列各款情形外，仍可貸與之：

(一)公司間或與行號間有業務往來者。（公 §15 I ①）

(二)公司間或與行號間有短期融通資金之必要者。融資金額不得超過貸與企業淨值的百分之四十。（公 §15 I ②）本款規定開放中小企業資金融通之管道，對公司債可轉換為認股權證或股份等亦給予股東選擇權，使企業在資金的運用上有多重選擇，惟需受限於貸與企業淨值百分之四十之內。

公司負責人違反前項規定時，應與借用人連帶負返還責任；如公司受有損害者，亦應由其負損害賠償責任。（公 §15 II）

六 保證人之限制

　　公司除依其他法律或公司章程規定得為保證者外，不得為任何保證人。（公§16 I）此一規定旨在穩定公司財務，以杜絕公司負責人以公司名義為他人作保而生流弊。倘公司提供財產為他人設定擔保物權，就公司財務之影響而言，與為他人保證人之情形無殊，仍應在上開規定禁止之列。（74 台上 703）

　　民國45年所做出的大法官會議第59號解釋，認為公司負責人違反本條規定，以公司名義為人保證，既不能認為公司之行為，對於公司自不發生效力。現行公司法規定：公司負責人違反前項規定時，應自負保證責任，如公司受有損害時，亦應負賠償責任。（公§16 II）

相關考題　　**資本維持原則**

在公司法學理上，指公司存續中，至少須維持相當於資本之現實財產，而以該具體之現實財產充實其抽象之資本，稱為：　(A)資本確定原則　(B)資本概括原則　(C)資本不變原則　(D)資本維持原則 【99初等一般行政-法學大意】	(D)

相關考題 轉投資之限制

股份有限公司章程所定之資本總額為2千萬元，公司之實收資本為1千萬元，今為求多角化經營以分散風險，公司董事會決議以5百萬元投資成立B有限公司。則下列敘述，何者正確？ (A)依公司法規定公司不得進行轉投資行為，以保障股東與債權人之權益 (B)A公司之轉投資金額僅占公司章程所定資本總額的四分之一，對於股東影響較小，故董事會決議即可，無須經股東會同意以求時效 (C)A公司之轉投資金額已占公司實收資本的二分之一，對於股東影響甚大，故除公司章程另有規定外，應經股東會之特別決議始得進行之 (D)以上皆非 【96四等司法特考第二次-法學知識與英文】	(C)
公司轉投資其他公司為有限責任股東時，其所有投資總額，原則上不得超過本公司實收股本百分之多少？ (A)三十 (B)四十 (C)五十 (D)六十 【100高考-法學知識與英文】	(B)

相關考題 資本確定原則

在公司法學理上，股份有限公司於設立時，須於章程中確定資本總額，並應經認募全數股份，公司始得設立營業，稱為： (A)資本充實原則 (B)資本確定原則 (C)資本維持原則 (D)資本不變原則 【99初等人事行政-法學大意】	(B)

相關考題 資金貸與

依公司法之規定，下列敘述何者正確？ (A)公司得為他合夥事業之合夥人 (B)若公司間或與行號間有業務往來，公司得貸與資金 (C)若公司間或與行號間有長期融通資金之必要，公司得貸與資金 (D)公司章程若無禁止規定，公司原則上得為保證人 【100四等行政警察-法學緒論】	(B)

5 公司負責人

■ 公司負責人之種類

(一)當然負責人：股東與董事

本法所稱公司負責人：在無限公司、兩合公司為執行業務或代表公司之股東；在有限公司、股份有限公司為董事。（公§8 I）

無限公司之規定中，代表公司之股東，關於公司營業上一切事務，有辦理之權。（公§57）

兩合公司之規定比較特別，因為依據公司法第122條規定：「有限責任股東，不得執行公司業務及對外代表公司。」所以搭配著公司法第8條第1項「執行業務或代表公司之股東」之規定來看，是指無限責任股東。

有限公司之部分，依據公司法第108條第1項規定：「公司應至少置董事1人執行業務並代表公司，最多置董事3人，應經三分之二以上股東之同意，就有行為能力之股東中選任之。董事有數人時，得以章程特定1人為董事長，對外代表公司。」

(二)職務負責人：執行業務範圍

公司之經理人、清算人或臨時管理人，股份有限公司之發起人、監察人、檢查人、重整人或重整監督人，在執行職務範圍內，亦為公司負責人。（公§8 II）「重整監督人」依本法第297條至第300條及第306條規定，既有重整工作之負擔，而依第313條規定，又與檢查人、重整人同有民、刑事責任之負擔，故公司法也將之列為負責人。

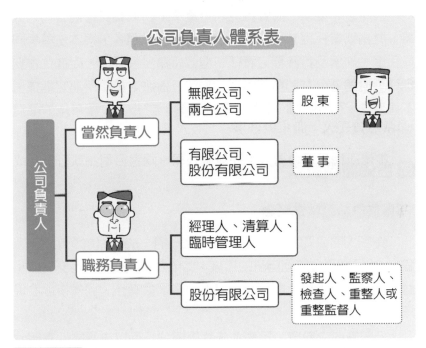

公司負責人體系表

相關考題

下列何者為公司的當然負責人？ (A)無限公司的執行業務股東 (B)兩合公司的清算人 (C)有限公司的經理人 (D)股份有限公司的監察人 【99初等人事行政-法學大意】	(A)

解析：(B)、(C)、(D)是職務負責人。

下列何者不屬於公司法第8條規定之有限公司的公司負責人？ (A)董事 (B)經理人 (C)發起人 (D)清算人【112地特-法學知識與英文】	(C)

解析：本法所稱公司負責人：在無限公司、兩合公司為執行業務或代表公司之股東；在有限公司、股份有限公司為董事。(公司法§8Ⅰ)

公司之經理人、清算人或臨時管理人，股份有限公司之發起人、監察人、檢查人、重整人或重整監督人，在執行職務範圍內，亦為公司負責人。(公司法§8Ⅱ)

公司之非董事，而實質上執行董事業務或實質控制公司之人事、財務或業務經營而實質指揮董事執行業務者，與本法董事同負民事、刑事及行政罰之責任。但政府為發展經濟、促進社會安定或其他增進公共利益等情形，對政府指派之董事所為之指揮，不適用之。（公§8Ⅲ）此即「影子董事」之規定，讓幕後的藏鏡人也要負責任。

二 虛偽繳納股款

(一)虛偽繳納股款之概念

許多人開公司，資本額只是虛晃一招，500、1000萬元「過個水」，又將資金放回自己的口袋。此舉對於與公司進行交易的相對人提高不少風險，原本以為交易的公司很有錢，到最後才發現只是一個「空殼」。

公司應收之股款，股東並未實際繳納，而以申請文件表明收足，或股東雖已繳納而於登記後將股款發還股東，或任由股東收回者，公司負責人各處5年以下有期徒刑、拘役或科或併科新臺幣50萬元以上250萬元以下罰金。（公§9Ⅰ）公司負責人應與各該股東連帶賠償公司或第三人因此所受之損害。（公§9Ⅱ）所謂公司負責人，是指對內執行公司一切事務，對外代表公司之機關，又可分成當然負責人與職務負責人。

(二)撤銷、廢止登記

第1項虛偽繳納股款經法院判決有罪確定後，由中央主管機關撤銷或廢止其登記。但裁判確定前，已為補正者，不在此限。（公§9Ⅲ）按公司法負責人為第1項規定之違法行為，自依該項規定受刑事制裁，至於公司與負責人之行為宜予區別，為考量公司

SOGO虛偽登記案

2002年9月21日，召開太流公司的董事與臨時股東會，決定太流增資一事，但實際上僅李恆隆與郭明宗二人在場，其餘均為事後補簽。2010年2月3日，經濟部撤銷SOGO控股公司、太平洋流通公司的6項公司登記變更，回復到只有1千萬元資本額狀態後，遠東集團從太流股權最大擁有者，變成零持股，並非太流公司的股東，只是債務人。

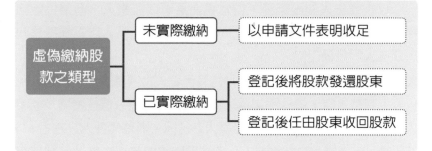

虛偽繳納股款之類型

未實際繳納 ── 以申請文件表明收足

已實際繳納 ── 登記後將股款發還股東

登記後任由股東收回股款

臺大蔡姓教授虛偽繳納股款案

長生公司因機場捷運案之工程延宕，遭沒收10億元。臺大蔡姓教授提供法律諮詢服務，但因長生公司無法與個人簽訂諮詢契約，蔡某也礙於公務員服務法，無法為公司之負責人。逐以友人名義成立人頭公司，再用該公司名義和長生公司簽訂法律諮詢契約，收取諮詢費用。蔡某承認股東未實際繳納股款，是以不實文件向主管機關申請公司登記，遭法院認定屬虛偽繳納股款，違反公司法第9條第1項規定，判刑3月，緩刑2年，須支付公庫100萬元。

已持續經營狀態，如驟以撤銷，對於社會交易相對人及債權人之保障，恐衍生另一問題，因此，於未確定判決前，給予公司補正資本之程序，故增訂第3項但書。

公司之負責人、代理人、受僱人或其他從業人員以犯刑法偽造文書印文罪章之罪辦理設立或其他登記，經法院判決有罪確定後，由中央主管機關依職權或依利害關係人之申請撤銷或廢止其登記。（公§9Ⅳ）

三 政府與法人為股東

政府或法人為股東時，得當選為董事或監察人。但須指定自然人代表行使職務。（公§27Ⅰ）這時董事或監察人之名稱就是政府或法人的名稱。

政府或法人為股東時，亦得由其代表人當選為董事或監察人。代表人有數人時，得分別當選，但不得同時當選或擔任董事及監察人。（公§27Ⅱ）這時董事或監察人之名稱，則是代表人之姓名。

第1項及第2項之代表人，得依其職務關係，隨時改派補足原任期。（公§27Ⅲ）對於第1項、第2項代表權所加之限制，不得對抗善意第三人。（公§27Ⅳ）

相關考題

現年 50 歲之甲，為 A 公開發行公司持股過半但未擔任董事之大股東，其長期指揮控制 A 公司過半董事，今促使 A 公司董事會決議，以高出市價 1 倍向甲買進一筆土地，造成公司 3000 萬元之損失，試問甲對 A 公司負有何種民事責任？　(A)甲應對 A 公司負影子董事責任　(B)甲應對 A 公司負控制企業責任　(C)甲應對 A 公司負影子董事及控制企業責任　(D)依公司法規定，無從追究甲責任 【105 四等警察 - 法學緒論】	(A)

6 公司經理人

一 經理人之資格

　　有下列情事之一者，不得充經理人，其已充任者，當然解任：（公§30）

　　㈠曾犯組織犯罪防制條例規定之罪，經有罪判決確定，尚未執行、尚未執行完畢，或執行完畢、緩刑期滿或赦免後未逾5年。

　　㈡曾犯詐欺、背信、侵占罪經宣告有期徒刑1年以上之刑確定，尚未執行、尚未執行完畢，或執行完畢、緩刑期滿或赦免後未逾2年。

　　㈢曾犯貪污治罪條例之罪，經判決有罪確定，尚未執行、尚未執行完畢，或執行完畢、緩刑期滿或赦免後未逾2年。

　　㈣受破產之宣告或經法院裁定開始清算程序，尚未復權。

　　㈤使用票據經拒絕往來尚未期滿者。

　　㈥無行為能力或限制行為能力者。

　　㈦受輔助宣告尚未撤銷。

　　第1項經理人與公司間之委任關係何時終止似乏明確規定，不無疑義，爰參照第197條，修正為「當然解任」。

　　為限制黑道擔任公司負責人，影響正常營運及人民權利，爰增訂第1款「反黑條款」，曾犯組織犯罪防制條例規定之罪，經有罪判決確定，服刑期滿尚未逾5年者，不得擔任經理人，以避免公司遭到黑道所把持。

　　原舊法第2款所稱「工商管理法令」及第5款「有重大喪失債信情事」，定義並不明確，或語意不明，過於籠統，參酌行政程序法之明確原則，爰予以刪除或修正，以資明確。

　　無行為能力者，自不得充任經理人，爰予以明定以杜爭議。

☰ 經理人之委任、解任及報酬

公司得依章程規定置經理人，其委任、解任及報酬，依下列規定定之。但公司章程有較高規定者，從其規定：

㈠無限公司、兩合公司須有全體無限責任股東過半數同意。

㈡有限公司須有全體股東表決權過半數同意。

㈢股份有限公司應由董事會以董事過半數之出席，及出席董事過半數同意之決議行之。（公§29Ⅰ）

• 肥貓條款

公司有第156-4條之情形者，專案核定之主管機關應要求參與政府專案紓困方案之公司提具自救計畫，並得限制其發給經理人報酬或為其他必要之處置或限制；其辦法，由中央主管機關定之。（公§29Ⅱ）

在公司參與政府專案核定之紓困方案時，其經理人之報酬應由主管機關訂立法定上限之相關辦法，以免造成公司在營運不佳之情形，其經理人仍得恣意索取高額報酬之不公，爰增訂第29條第2項規定。

此即在金融海嘯過程中，民間企業需要政府紓困，拿出納稅人的血汗錢幫助企業，結果看到的卻是經營高層依舊坐領高薪，讓民眾憤憤不平，遂有本條「肥貓條款」的制定。然而因為系統性之因素，各國政府對於金融業之貪婪莫可奈何，而有「占領華爾街」運動之發生。

哈哈！好爽！

三 經理人之職權

經理人之職權，除章程規定外，並得依契約之訂定。（公§31Ⅰ）受聘於公司大多透過契約的方式約制受僱人，所以常常要簽署許多契約，例如保密條款、競業禁止條款、智慧財產權歸屬條款、網路行為監控條款等，以釐清雇主與經理人之間的權利義務關係。

經理人在公司章程或契約規定授權範圍內，有為公司管理事務及簽名之權。（公§31Ⅱ）

經理人不得變更董事或執行業務股東之決定，或股東會或董事會之決議，或逾越其規定之權限。（公§33）經理人畢竟只是執行者，自應遵守董事、執行業務股東、股東會或董事會之決定。

四 兼職與競業禁止

經理人不得兼任其他營利事業之經理人，並不得自營或為他人經營同類之業務。但經依第29條第1項規定之方式同意者，不在此限。（公§32）至於股東或董事之部分，則分別在無限公司、有限公司、兩合公司，及股份有限公司的章節中有規範。（如右頁圖表）

公司經理人違反公司法第32條競業禁止之規定者，其所為之競業行為並非無效，但公司得依民法第563條之規定請求經理人將因其競業行為所得之利益，作為損害賠償。（81年台上1453判例）

五 經理人之責任

經理人因違反法令、章程或前（33）條之規定，致公司受損害時，對於公司負賠償之責。（公§34）公司不得以其所加於經理人職權之限制，對抗善意第三人。（公§36）

競業禁止條款

類型	對象	內容
公司法§32本文	經理人	經理人不得兼任其他營利事業之經理人，並不得自營或為他人經營同類之業務。
公司法§54Ⅱ（無限公司）	執行業務之股東	執行業務之股東，不得為自己或他人為與公司同類營業之行為。
公司法§108Ⅲ（有限公司）	董事	董事為自己或他人為與公司同類業務之行為，應對全體股東說明其行為之重要內容，並經三分之二以上股東同意。
公司法§120前段（兩合公司）	有限責任股東	有限責任股東，得為自己或他人，為與本公司同類營業之行為。無限責任股東，依據第115條準用第二章規定，亦即準用第54條第2項規定：「執行業務之股東，不得為自己或他人為與公司同類營業之行為。」
公司法§209Ⅰ（股份有限公司）	董事	董事為自己或他人為屬於公司營業範圍內之行為，應對股東會說明其行為之重要內容並取得其許可。

相關考題

下列有關經理人之敘述何者正確？ (A)公司經理人職權僅得依章程規定 (B)曾犯詐欺罪經有期徒刑1年以上宣告，服刑期滿1年者得任公司經理人 (C)公司經理人原則上不得兼任其他營利事業之經理人 (D)公司經理人得變更董事或執行業務股東之決定 【100關稅四等-法學知識】	(C)

實務案例 DRAM 教父跳槽中國紫光集團

　　本法相關條文有關規定，是指任職時的規範，跳槽時則依據當事人與公司之間的勞僱契約內容，通常會規定保密條款與禁業禁止條款。舉個例子，高啟全，人稱DRAM教父，時任南亞科總經理，並身兼華亞科董事長，於2015年10月間加入紫光集團，擔任紫光集團全球執行副總裁，負責紫光集團半導體儲存業務。但能否順利任職，仍要看高某與原公司之間是否有簽署競業禁止條款。

　　實際上很多公司的董事都會有兼職的情況，因為大多在相關集團，對於公司的利益並沒有負面的影響，所以會透過股東會提案解除競業禁止之限制，以下舉仁寶公司在104年股東會的提案：

案由：擬解除董事競業禁止之限制，請公決案。

說明：

　㈠因本公司董事或有投資或經營其他與本公司營業範圍相同或類似之公司，在無損及本公司利益之前提下，爰依公司法第209條規定，擬解除其競業禁止之限制。

　㈡檢附本屆董事候選人兼任其他公司之職務明細表，擬解除其競業禁止之限制，謹提請 公決。

決議：本案經投票表決結果如下，贊成權數占表決時出席股東表決權數之75.5%，本案照原案表決通過。

相關考題

甲為A股份有限公司之經理人，下列有關甲之敘述，何者錯誤？
(A)甲在執行A公司業務之範圍內，亦為公司負責人　(B)A公司得於公司章程規定，甲之報酬應由董事會以董事3分之2以上出席，及出席董事過半數同意之決議 行之　(C)若甲受破產之宣告，其經理職務應解任之　(D)甲之職權，應以章程規定，不得依契約訂定之

（D）

【112高考-法學知識與英文】

7 公司之設立

一 公司設立之概念

公司之設立，是指成立營利社團法人之公司，並登記成為具有法律人格之主體，所以設立之程序，如同人之出生過程一樣，設立完成就如同人順利生產完成一樣；至於公司之解散程序則如同人之死亡一般，解散清算完成後，一家公司就此結束運作。

二 公司設立之立法主義

公司設立之立法主義，主要有四，包括：

㈠自由設立主義：任何人均可自由地設立公司，而不受到行政機關之干涉與限制。

㈡特許主義：經由行政機關特定法令之許可，方可設立公司，通常是發生在特定敏感之領域，方採此一主義。例如公司法第17條第1項規定：「公司業務，依法律或基於法律授權所定之命令，須經政府許可者，於領得許可文件後，方得申請公司登記。」第2項規定：「前項業務之許可，經目的事業主管機關撤銷或廢止確定者，應由各該目的事業主管機關，通知中央主管機關，撤銷或廢止其公司登記或部分登記事項。」例如有關網路經營者，須向交通部申請第二類電信事業許可。

㈢核准主義：亦稱許可主義，公司符合法令規範後，尚需主管機關加以核准始得成立。

㈣準則主義：只要符合法令之一定要件者，即可設立公司。我

國即採取此一主義為原則,例外則兼採特許主義,作為設立公司與否之依據。

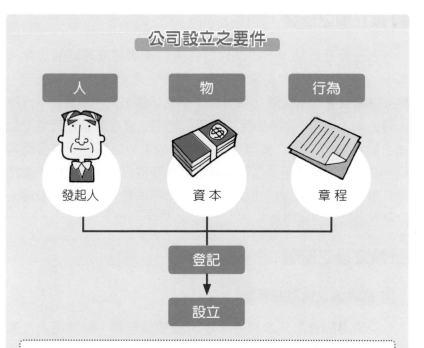

公司設立之要件

人 — 發起人

物 — 資本

行為 — 章程

↓

登記

↓

設立

登記設立

公司非在中央主管機關登記後,不得成立。(公§6)

原本除了登記之外,尚須主管機關發給執照,否則不得成立。但是為配合公司登記電腦化作業,無核發公司執照之必要。若公司解散或經勒令歇業後,公司仍持有公司執照,作為交易工具者,則恐有危害社會交易安全之虞;且目前行政機關行政作業上,均以公司執照影本為據,核發相關證照,致解散或經勒令歇業之公司仍得持公司執照影本辦理,實務上滋生爭議,爰予刪除「並發給執照」之文字,以杜紛擾。

8 公司之監督

一 設立前之監督

　　未經設立登記，不得以公司名義經營業務或為其他法律行為。（公§19 I）違反前項規定者，行為人處1年以下有期徒刑、拘役或科或併科新臺幣15萬元以下罰金，並自負民事責任；行為人有2人以上者，連帶負民事責任，並由主管機關禁止其使用公司名稱。（公§19 II）實際上沒有在中央主管機關登記的公司名稱，本來就不得使用，主管機關禁止其使用公司名稱，也不過是再次重申其尚未辦理相關登記程序，自不得對外以公司名義經營業務或為其他法律行為。

二 設立後之監督

㈠相關書表之同意或承認

　　公司每屆會計年度終了，應將營業報告書、財務報表及盈餘分派或虧損撥補之議案，提請股東同意或股東常會承認。（公§20 I）第1項書表，主管機關得隨時派員查核或令其限期申報；其辦法，由中央主管機關定之。（公§20 IV）

㈡會計師簽證

　　公司資本額達一定數額以上或未達一定數額而達一定規模者，其財務報表，應先經會計師查核簽證；其一定數額、規模及簽證之規則，由中央主管機關定之。但公開發行股票之公司，證券主管機關另有規定者，不適用之。（公§20 II）前項會計師之委任、解任及報酬，準用公司法第29條第1項規定。（公§20 III）

公司負責人違反第1項或第2項規定時，各處新臺幣1萬元以上5萬元以下罰鍰。妨礙、拒絕或規避前項查核或屆期不申報時，各處新臺幣2萬元以上10萬元以下罰鍰。（公§20Ⅴ）

㈢主管機關檢查權

主管機關得會同目的事業主管機關，隨時派員檢查公司業務及財務狀況，公司負責人不得妨礙、拒絕或規避。（公§21Ⅰ）

公司負責人妨礙、拒絕或規避前項檢查者，各處新臺幣2萬元以上10萬元以下罰鍰。連續妨礙、拒絕或規避者，並按次連續各處新臺幣4萬元以上20萬元以下罰鍰。（公§21Ⅱ）

主管機關依第1項規定派員檢查時，得視需要選任會計師或律師或其他專業人員協助辦理。（公§21Ⅲ）

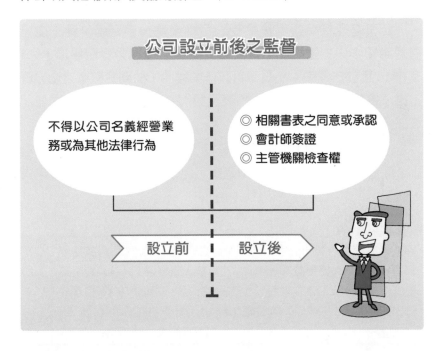

公司設立前後之監督

不得以公司名義經營業務或為其他法律行為

◎ 相關書表之同意或承認
◎ 會計師簽證
◎ 主管機關檢查權

設立前　｜　設立後

三 主管機關要求提出文件權及嚴守秘密義務

　　主管機關查核公司法第20條所定各項書表（營業報告書、財務報表及盈餘分派或虧損撥補之議案），或依前條檢查公司業務及財務狀況時，得令公司提出證明文件、單據、表冊及有關資料，除法律另有規定外，應保守秘密，並於收受後15日內，查閱發還。（公§22Ⅰ）

　　公司負責人違反前項規定，拒絕提出時，各處新臺幣2萬元以上10萬元以下罰鍰。連續拒絕者，並按次連續各處新臺幣4萬元以上20萬元以下罰鍰。（公§22Ⅱ）此為行政罰，雖然金額不高，最高罰鍰20萬元，但因為屬於連續罰，也是有一定的處罰力道。

四 公司廢止登記

　　公司之經營有違反法令受勒令歇業處分確定者，應由處分機關通知中央主管機關，廢止其公司登記或部分登記事項。（公§17-1）其立法理由：為釐清行政作業程序，於勒令歇業之處分確定後，始依行政程序法第123條及第125條規定廢止其公司登記或部分登記事項。

　　行政程序法第123條規定是授予利益之合法行政處分之廢止，而同法第125條規定，則是規定合法行政處分經廢止後之失效期間。

相關考題

關於非公開發行股份有限公司年度財務報表之規定，下列敘述，何者錯誤？　(A)應由董事會編造，交監察人查核後，送股東會承認　(B)一定規模以上公司之財報，才需由會計師查核簽證　(C)簽證會計師由監察人選任與解任　(D)債權人得請求公司提供財務報表　(C)

【108高考 - 法學知識與英文】

9 公司之解散

一 主管機關之命令解散

公司有下列情事之一者，主管機關得依職權或利害關係人之申請，命令解散之：（公§10）

(一)公司設立登記後6個月尚未開始營業者。但已辦妥延展登記者，不在此限。

(二)開始營業後自行停止營業6個月以上者。但已辦妥停業登記者，不在此限。

(三)公司名稱經法院判決確定不得使用，公司於判決確定後6個月內尚未辦妥名稱變更登記，並經主管機關令其限期辦理仍未辦妥。

(四)未於第7條第1項所定期限內，檢送經會計師查核簽證之文件者。但於主管機關命令解散前已檢送者，不在此限。

所謂公司法第7條第1項規定：「公司申請設立登記之資本額，應經會計師查核簽證；公司應於申請設立登記時或設立登記後30日內，檢送經會計師查核簽證之文件。」

二 裁定解散

公司之經營，有顯著困難或重大損害時，法院得據股東之聲請，於徵詢主管機關及目的事業中央主管機關意見，並通知公司提出答辯後，裁定解散。（公§11 I）前項聲請，在股份有限公司，應有繼續6個月以上持有已發行股份總數百分之十以上股份之股東提出之。（公§11 II）

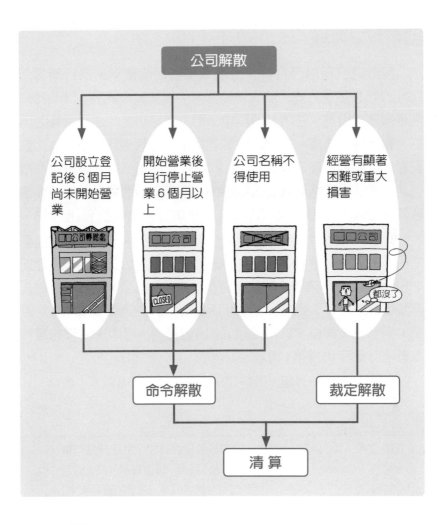

公司設立登記後6個月尚未開始營業者，主管機關得依職權或利害關係人之申請對公司進行下列何種之處置？ (A)裁定解散 (B)命令解散 (C)宣告解散 (D)判決解散 【99初等人事行政-法學大意】	(B)

三 解散之清算

　　解散之公司除因合併、分割或破產而解散外，應行清算。（公§24）解散之公司，於清算範圍內，視為尚未解散。（公§25）前條解散之公司，在清算時期中，得為了結現務及便利清算之目的，暫時經營業務。（公§26）公司經中央主管機關撤銷或廢止登記者，準用前三條之規定。（公§26-1）按撤銷或廢止登記與解散同屬公司法人人格消滅之法定事由，亦有進行清算以了結債權債務關係之必要，原條文並未規定，爰予增訂，以符合行政程序法。

　　經解散、撤銷或廢止登記之公司，自解散、撤銷或廢止登記之日起，逾10年未清算完結，或經宣告破產之公司，自破產登記之日起，逾10年未獲法院裁定破產終結者，其公司名稱得為他人申請核准使用，不受第18條第1項規定（公司名稱相同限制）之限制。但有正當理由，於期限屆滿前6個月內，報中央主管機關核准者，仍受第18條第1項規定之限制。（公§26-2）

　　有關本法第18條第1項規定，請參照本書第8頁。

相關考題

公司設立多久後尚未開始營業，且未辦妥延展登記，主管機關得依利害關係人之申請，命令解散之？　(A)1個月　(B)3個月　(C)4個月　(D)6個月　　　　　　　　　　　　　　　【102司特四等-法學知識與英文】	(D)

第二篇

各論—無限公司

無限公司的特殊性在於股東要負無限之責任，當然也衍生出許多
與有限公司、股份有限公司之有限責任相異之公司制度。在學習
無限公司之過程，要特別注意其彼此之間的差異。

1

無限公司之設立

一 無限公司的概念

　　無限公司，不是指這家公司未來的發展是無可限量，而是指其股東所承擔的責任是無限的。換言之，公司欠多少債務，並不是只以公司現有的資產為限，而是由無限公司的股東負擔連帶清償責任。

　　從債權人的角度，當然是比較有保障，但是從股東的角度來看，卻要負擔極高的責任，當然這類型的公司與有限公司相比較，是比較少數。畢竟從風險控管的角度來看，投資者投資一家公司，成功失敗難以百分之百預料，如果失敗了，也希望損失控制在當初的投資金額，而不至於波及到自己的其他財產上。

二 股東人數

　　無限公司之股東，應有2人以上，其中半數，應在國內有住所。（公§40Ⅰ）例如有4名無限公司股東，應該至少有2位在國內有住所，如果是5位，則應該有3位在國內有住所。畢竟如果在國外，依照現行的外交現實狀況，我國司法主權難以在其他國家實現，自然以國內有住所的無限股東為佳，否則需要無限股東負責賠償時，若股東都在國外，恐怕也只是一場空。

三 章程的訂定

　　股東應以全體之同意訂立章程，簽名或蓋章，置於本公司，並每人各執一份。（公§40Ⅱ）依民法第3條規定，簽名與蓋章具同等效力，而原本舊法規定是「簽名蓋章」，從法條文字意思來解

析，除了要簽名，還要蓋章。但是現行法令修正第2項為「簽名或蓋章」，以資簡化，只要其中一種，也就是只要有簽名，或者是只要有蓋章即可。

無限公司章程應載明事項

一、公司名稱。
二、所營事業。
三、股東姓名、住所或居所。
四、資本總額及各股東出資額。
五、各股東有以現金以外財產為出資者，
　　其種類、數量、價格或估價之標準。
六、盈餘及虧損分派比例或標準。
七、本公司所在地：設有分公司者，其所在地。
八、定有代表公司之股東者，其姓名。
九、定有執行業務之股東者，其姓名。
十、定有解散事由者，其事由。
十一、訂立章程之年、月、日。

上列規定參照公司法第41條第1項

代表公司之股東，不備置前項章程於本公司者，處新臺幣1萬元以上5萬元以下罰鍰。連續拒不備置者，並按次連續處新臺幣2萬元以上10萬元以下罰鍰。（公§41Ⅱ）

相關考題

依公司法規定，無限公司最少應有幾名股東？ (A)1名 (B)2名 (C)3名 (D)4名 【99初等一般行政-法學大意】	(B)
無限公司章程之訂定屬於何種行為？ (A)契約行為 (B)共同行為 (C)單獨行為 (D)物權行為 【99四等海巡-法學知識與英文】	(B)

2 無限公司之內部關係

■ 內部關係之規範

公司之內部關係，除法律有規定者外，得以章程定之。（公§42）

■ 出資方式

公司最重要的就是出資關係，有錢好辦事，也才能作為資本維持原則的基礎。無限公司除了以金錢為出資之外，依據公司法第43條規定：「股東得以勞務或其他權利為出資，並須依照第41條第1項第5款之規定（各股東有以現金以外財產為出資者，其種類、數量、價格或估價之標準）辦理。」股東以債權抵作股本，而其債權到期不得受清償者，應由該股東補繳；如公司因之受有損害，並應負賠償之責。（公§44）

股東非經其他股東全體之同意，不得以自己出資之全部或一部，轉讓於他人。（公§55）此一規定主要是著眼於無限公司是人合公司，重視股東間相互信賴關係，若任意將出資轉讓給第三人，其他股東對於該第三人未必能加以信賴，所以限制必須「全體」同意始得為之。

■ 執行業務

㈠執行業務股東與不執行業務股東

各股東均有執行業務之權利，而負其義務。但章程中訂定由股東中之一人或數人執行業務者，從其訂定。（公§45Ⅰ）執行業務之股東須半數以上在國內有住所。（公§45Ⅱ）本法對於股份有限公司，規定其常務董事，須半數以上在國內有住所，現將無限公司、有限公司、兩合公司及股份兩合公司之負責人，也規定必須在國內有住所，以求公正。

各種類型公司出資方式

公司類型	法律規定	現金或現金以外之財產	各類型公司出資方式
無限公司	公§43、公§44	○	○ 信用、勞務或其他權利出資（公§44）
有限公司	X	○	X
兩合公司	公§117	○	無限責任股東：公§115準用公§43，得以信用、勞務或其他權利出資。有限責任股東：公§117，不得以信用或勞務為出資。得以其他權利出資。
股份有限公司	公§145 I ④ 公§156 VII	○ 以現金以外之財產抵繳股款者，其姓名及其財產之種類、數量、價格或估價之標準及公司核給之股數。（公§145 I ④）	○ 股東之出資除現金外，得以對公司所有之貨幣債權，或公司所需之技術抵充之。（公§156 VII）

相關考題

下列何者非股份有限公司股東可以出資之標的？　(A)現金　(B)勞務　(C)技術　(D)對公司之貨幣債權　　　【98普考-法學知識與英文】	(B)
下列何者非股份有限公司股東之出資方式？　(A)現金　(B)對公司之貨幣債權　(C)公司所需技術　(D)信用　　　【99四等關務-法學知識】	(D)
下列何者不能作為股份有限公司之出資種類？　(A)金錢　(B)公司所需之機器設備　(C)公司所需之土地　(D)勞務　　　【96四等第二次警察特考-法學知識與英文】	(D)

㈡表決方式與提出異議

股東之數人或全體執行業務時，關於業務之執行，取決於過半數之同意。（公§46Ⅰ）執行業務之股東，關於通常事務，各得單獨執行。但其餘執行業務之股東，有一人提出異議時，應即停止執行。（公§46Ⅱ）因為無限公司股東所負之責任為無限責任，所以如果有股東對於通常事務的執行有提出異議時，規定應該要即時停止執行，待大家研商有所共識且無異議，再來繼續地執行，才能維護股東的權益。

公司變更章程，應得全體股東之同意。（公§47）前開有關業務的執行，只有取決於過半數之同意，但是公司變更章程，茲事體大，自然應該經過全體股東的同意。

㈢不執行業務股東之查閱權

既然章程可以規定由其中一人或數人執行業務，所以就會有不執行業務之股東。這些股東因為沒有執行業務，對於公司的運作較不瞭解，為了維護其權益，避免執行業務股東上下其手，特規定：不執行業務之股東，得隨時向執行業務之股東質詢公司營業情形，查閱財產文件、帳簿、表冊。（公§48）

㈣執行業務股東之報酬與損害

執行業務之股東，非有特約，不得向公司請求報酬。（公§49）換言之，原則上是沒有受領報酬，當志工就對了，如果有特別約定，則可以領取報酬。

代墊款項方面，執行業務難免在業務營運的過程中，必須先自掏腰包墊付相關的款項，依據公司法規定：股東因執行業務所代墊之款項，得向公司請求償還，並支付墊款之利息；如係負擔債務，而其債務尚未到期者，得請求提供相當之擔保。（公§50Ⅰ）

除了代墊款項部分，又規定：股東因執行業務，受有損害，而自己無過失者，得向公司請求賠償。（公§50Ⅱ）如果自己有過失，從法條字義上解釋，應該就不能主張賠償。

(五)執行業務股東之辭職與退職

公司章程訂明專由股東中之一人或數人執行業務時，該股東不得無故辭職，他股東亦不得無故使其退職。（公§51）蓋因章程代表股東們的集體意志，不能夠隨意地加以更動，更應該要予以尊重，所以執行業務股東應該要負責盡職，不得無故辭職，其他股東也要尊重章程所表彰的集體意志，不可以在未修改章程的前提之下，無故使執行業務股東退職。

(六)執行業務之內容

股東執行業務，應依照法令、章程及股東之決定。（公§52Ⅰ）違反前項規定，致公司受有損害者，對於公司應負賠償之責。（公§52Ⅱ）股東代收公司款項，不於相當期間照繳或挪用公司款項者，應加算利息，一併償還；如公司受有損害，並應賠償。（公§53）

不執行業務股東之查閱權

請執行業務股東交出帳冊查閱。

我不交！你想怎樣？

3 競業禁止與歸入權

一 競業禁止之概念

所謂競業禁止，係指限制一定地位之當事人，不得從事與其服務之營業為具有競爭關係之行為。

股東非經其他股東全體之同意，不得為他公司之無限責任股東或合夥事業之合夥人。（公§54Ⅰ）參照本書前文中有關權利能力之限制，相同的道理，除非全體股東同意，自然不得為他公司之無限責任股東或合夥事業之合夥人，以避免影響股東償債之能力。

執行業務之股東，不得為自己或他人為與公司同類營業之行為。（公§54Ⅱ）蓋因避免執行業務股東，因為業務上知悉公司營業秘密，圖謀自己的私利，或者是吃裡扒外，牟取他人的利益，將自己所知道的公司營業秘密外洩給第三人，導致公司受有損害。

二 歸入權之概念

公司以單方之意思表示，對於違反競業禁止義務之執行業務股東，透過一定程序，將其實際經濟上所得，作為公司的所得，稱之為歸入權。

此規定在公司法第54條第3項規定：「執行業務之股東違反不得為自己或他人為與公司同類營業之行為時，其他股東得以過半數之決議，將其為自己或他人所為行為之所得，作為公司之所得。但自所得產生後逾1年者，不在此限。」

【相關條文】

公司法第209條第5項規定：「董事違反第1項之規定，為自己或他人為該行為時，股東會得以決議，將該行為之所得視為公司之所得。但自所得產生後逾1年者，不在此限。」

資訊隱私與商業機密

項目	內容說明	實際案例
保護利益	企業或雇主須有競業禁止的保護利益存在。	只是單純販賣飲料的小攤子，其保護之利益恐怕並不存在。
具有一定重要性之職位	勞工在原雇主事業應有一定的職務或地位。	如果只是7-11的櫃檯收銀人員，則即便簽訂競業禁止條款，也恐怕會不生效力。
合理性	離職勞工就業對象、期間、區域或職業活動範圍，應有合理範疇。如果是漫無限制的條款，則顯然該條款已經影響到勞工的生存權、工作權。	例如規定10年都不能從事相關行業，競業禁止的時間過長，顯然欠缺保護企業的合理性。
補償措施	勞工因競業禁止損失，應有補償措施。	例如薪水較高、或離職後應有適當的補償之機制。否則勞工為了找到一份工作，而必須在任職之際，如同被迫簽下了競業禁止條款，薪水卻一樣少得可憐，導致想換工作也不敢換，好比簽下了賣身契一般，根本就是現代的「長工」。
背信或違反誠信原則	離職勞工的競業行為，是否有背信或違反誠信原則事實。	例如離開原公司後，開了一家與原公司業務相競爭之公司，或者是擔任其他競爭公司的重要角色，導致原公司遭到損害時，都屬於競業禁止之範疇。

4 資本充實原則

一 盈餘分派之限制

公司非彌補虧損後，不得分派盈餘。（公§63 I）

公司負責人違反前項規定時，各處1年以下有期徒刑、拘役或科或併科新臺幣6萬元以下罰金。（公§63 II）

無限公司股東對外負擔的責任是連帶清償之責，所以如果先分派盈餘，但是虧損仍要償付時，原本分派的盈餘還是要吐還出來。所以，公司法遂規定在還沒有彌補虧損前，是不能夠分派盈餘，以避免掌控公司者，利用各種手段來掏空公司資產，所以明文規定要先彌補虧損，就是為了健全公司財務狀況，讓公司資本能夠正常地充實。

二 債務抵銷之限制

公司之債務人，不得以其債務與其對於股東之債權抵銷。（公§64）

所謂抵銷，依據民法第334條第1項本文規定：「二人互負債務，而其給付種類相同，並均屆清償期者，各得以其債務，與他方之債務，互為抵銷。」

例如某甲欠A公司100萬元，A公司本來應該要向某甲追討這一筆錢，可以再為A公司購買其他機器設備，或者是償還其他的債務，對於無限公司資本充實甚有幫助。但是若A公司的股東某乙也欠某甲100萬元，或者是某甲與某乙二人相互創造出一個假的債權，而主張抵銷；換言之，某甲主張：「雖然我欠A公司100萬元，但是A公司的股東某乙也欠我100萬元，所以乾脆抵銷

掉，某乙不再欠我100萬元，我也不欠A公司100萬元。」這樣子
的情況，對於公司資本充實將有所妨礙，所以明文禁止之。

5 無限公司之外部關係

■ 對外代表關係

公司得以章程特定代表公司之股東；其未經特定者，各股東均得代表公司。（公§56Ⅰ）如同對內關係，對外也是一樣，各股東均得代表公司，例外才得以章程指定代表公司之股東。第45條第2項之規定，於代表公司之股東準用之。（公§56Ⅱ）係指對外代表之股東須半數以上在國內有住所。

代表公司之股東，關於公司營業上一切事務，有辦理之權。（公§57）公司對於股東代表權所加之限制，不得對抗善意第三人。（公§58）

代表公司之股東，如為自己或他人與公司為買賣、借貸或其他法律行為時，不得同時為公司之代表。但向公司清償債務時，不在此限。（公§59）蓋因代表公司自應為公司之利益而努力，如果又擔任另外一方之代表或代理行為，則可能雙方談判底線都在自己的掌握之中，難以認為會為所代表之公司爭取權利，因此對於此種行為，法律通常予以禁止。

民法上也有所謂雙方代理、自己代理之禁止，其規定於民法第106條規定：「代理人非經本人之許諾，不得為本人與自己之法律行為，亦不得既為第三人之代理人，而為本人與第三人之法律行為。但其法律行為，係專履行債務者，不在此限。」

二 連帶清償責任

公司資產不足清償債務時，由股東負連帶清償之責。（公 §60）有限公司、股份有限公司僅以投資的金額為限負責，而無限公司最大之不同之處，就在於除了投資金額已外，還是不足以清償債務，還是要自掏腰包來清償債務。

加入公司為股東者，對於未加入前公司已發生之債務，亦應負責。（公 §61）所以，受邀加入其他公司擔任股東，還是要看清楚是否有「無限」二字，否則誤入了賊船，還要為未加入前公司已發生之債務負責，那可是後悔末及啊！

相關考題

下列關於公司負責人之敘述，何者錯誤？　(A)公司負責人應忠實執行業務並盡善良管理人之注意義務，如有違反致公司受有損害者，負損害賠償責任　(B)公司之經理人或清算人在執行職務範圍內，亦為公司負責人　(C)公司負責人對於公司業務之執行，如有違反法令致他人受有損害時，對他人應與公司負連帶賠償之責　(D)無限公司、兩合公司之公司負責人為董事	（D）

【106三等警察-法學知識與英文】

三 表見股東

　　所謂表見股東，是說實際上並不是公司的股東，但是<u>客觀上卻存在著足以使他人信其為股東之事實存在</u>。依據公司法第62條規定：「非股東而有可以令人信其為股東之行為者，對於善意第三人，應負與股東同一之責任。」例如股東的小妾向來以股東自居，第三人從客觀上認為其操控公司業務，應該是公司股東，而透過小妾進行法律行為，這位小妾雖然不是股東，對於善意的第三人，還是要負無限股東的責任，以維護交易安全。

表見股東之示意

Note

6 無限公司之退股

■ 退股之概念

所謂退股，是指由非基於可歸責於特定股東之重大事由，得以其意思表示退股，或依據法律規定，使特定股東喪失股東地位。

■ 股東聲明退股

章程未定公司存續期限者，除關於退股另有訂定外，股東得於每會計年度終了退股。但應於6個月前，以書面向公司聲明。（公§65Ⅰ）股東有非可歸責於自己之重大事由時，不問公司定有存續期限與否，均得隨時退股。（公§65Ⅱ）

例如某股東對於自己加入了無限公司，而要負擔連帶清償責任感到後悔，因此不再希望加入該公司，就可以先在退股前6個月進行書面聲明，然後再會計年度終了退股。

■ 法定退股

除前(65)條規定外，股東有下列各款情事之一者退股：（公§66Ⅰ）

(一)章程所定退股事由。

(二)死亡。

(三)破產。

(四)受監護或輔助宣告。（原為「受禁治產之宣告」，配合民法修正）

(五)除名。

(六)股東之出資，經法院強制執行者。

如果是法院強制執行，則可能將由第三人拍定，取得該股份的權利義務，原股東自然產生退股的效果，依據本款規定退股時，執行法院應於2個月前通知公司及其他股東。（公§66Ⅱ）

四 除名

除名，是前述法定退股事由的其中一項。顧名思義，除名並不是自己所提出，而是因為一些損害公司利益之情況，而由其他股東所提出，有點而類似「開除」的概念。

除名的效力，也是與退股一樣。依據公司法第67條規定：股東有下列各款情事之一者，得經其他股東全體之同意議決除名。但非通知後不得對抗該股東：（公§67）

㈠應出之資本不能照繳或屢催不繳者。

㈡違反公司法第54條第1項之規定者。（股東非經其他股東全體之同意，不得為他公司之無限責任股東或合夥事業之合夥人。）

㈢有不正當行為妨害公司之利益者。

㈣對於公司不盡重要之義務者。

五 退股之效力

㈠姓名使用權利之停止

公司名稱中列有股東之姓或姓名者，該股東退股時，得請求停止使用。（公§68）

㈡出資之結算與返還

退股之股東與公司之結算，應以退股時公司財產之狀況為準。（公§69Ⅰ）退股股東之出資，不問其種類，均得以現金抵還。（公§69Ⅱ）股東退股時，公司事務有未了結者，於了結後計算其損益，分派其盈虧。（公§69Ⅲ）

㈢債務之連帶無限責任

退股股東應向主管機關申請登記，對於登記前公司之債務，於登記後2年內，仍負連帶無限責任。（公§70Ⅰ）股東轉讓其出資者，準用前項之規定。（公§70Ⅱ）

7 無限公司之解散

一 解散的種類

當一定事由發生，公司沒有繼續存在的必要，就要進行解散。公司之解散為公司法人之人格消滅原因，包括任意解散、法定解散、強制解散三種。

(一)任意解散：公司基於自己意思而解散，例如章程所定解散之事由發生，經股東全體之同意或經股東會之決議而解散。

(二)法定解散：基於法律規範而解散，例如公司因所營事業已成就或不能成就、股東不滿法定最低人數，與其他公司合併而解散。

(三)強制解散：公司基於主管機關之解散命令或法院所裁定而解散。

二 解散的事由

公司有下列各款情事之一者，解散：（公§71Ⅰ）

(一)章程所定解散事由。

(二)公司所營事業已成就或不能成就。

(三)股東三分之二以上之同意。

(四)股東經變動而不足本法所定之最低人數（依據公司法第40條第1項規定，無限公司之股東，應有2人以上）。

(五)與他公司合併。

(六)破產。

(七)解散之命令或裁判。

前項第1款、第2款得經全體或一部股東之同意繼續經營，其不同意者視為退股。（公§71Ⅱ）

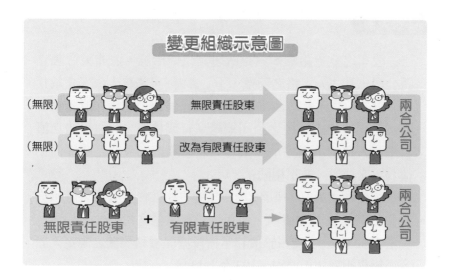

第1項第4款得加入新股東繼續經營。（公 §71 Ⅲ）

因前二項情形而繼續經營者，應變更章程。（公 §71 Ⅳ）

三 變更組織

公司得經全體股東之同意，以一部股東改為有限責任或另加入有限責任股東，變更其組織為兩合公司。（公 §76 Ⅰ）前項規定，於公司法第71條第3項所規定繼續經營之公司準用之。（公 §76 Ⅱ）公司得經股東三分之二以上之同意變更章程，將其組織變更為有限公司或股份有限公司。(公 §76-1 Ⅰ)前項情形，不同意之股東得以書面向公司聲明退股。(公 §76-1 Ⅱ)公司依前二條變更組織時，準用公司法第73條至第75條之規定。（公 §77）股東依公司法第76條第1項或第76-1條第1項之規定，改為有限責任時，其在公司變更組織前，公司之債務，於公司變更登記後2年內，仍負連帶無限責任。（公 §78）

公司之變更組織，只是改變其組織形態，並非另行設立新公司，其法人人格之存續，不受影響（司法院大法官會議釋字第167號解釋參照），原屬變更組織前公司之權利或義務，當然應由變更組織後之公司繼續享有或負擔。此與民法之債務承擔，係由第三人承受債務人之債務或加入債之關係而為債務人之情形，並不相同。

　　故公司法第107條第2項所謂變更組織後之公司，應承擔變更組織前公司之債務，與民法債務承擔之情形並不相同，民法第304條第2項關於債務承擔後擔保權利消滅之規定，於公司變更組織並不適用。（92台上1348）

Note

8 無限公司之合併

■一 合併之功能

　　公司為了拓展業務、壟斷市場、取得必要關鍵技術等各種營業上之目的，都必須要不斷地與其他企業合作，合併正是達到上開目的的方法之一。但為了避免無限擴大，成為壟斷市場的企業怪獸，讓市場無法有效競爭而讓消費者獲利，因此各國都有相對應的法令規範，例如反托拉斯法（Anti-Trust Act）或者是我國的公平交易法，都是為了維護交易秩序與消費者利益，確保公平競爭，促進經濟之安定與繁榮。

■二 合併之程序

　　依據公司法第72條規定：「公司得以全體股東之同意，與他公司合併。」公司決議合併時，應即編造資產負債表及財產目錄。（公§73Ⅰ）公司為合併之決議後，應即向各債權人分別通知及公告，並指定30日以上期限，聲明債權人得於期限內提出異議。（公§73Ⅱ）今資訊發達，交通便利，為利合併時程之簡化，爰予修正第2項指定期限為30日以上。（舊規定為3個月）

■三 違反合併之責任

　　配合刑事罰則除罪化，又公司負責人違反規定損害債權人者，自依其他法律規定負民事責任；另資產負債表等為虛偽記載者，應依刑法處罰，不需要特別規定，爰予刪除公司法第73條第3項。（原第3項規定：「公司負責人違反前二項規定而與其他公司合併時，各科新臺幣6萬元以下罰金；其於資產負債表或財產目錄為虛偽記載者，依刑法或特別刑法有關規定處罰。」）

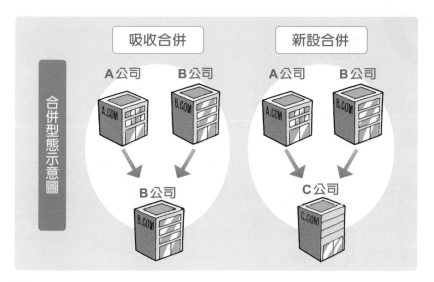

四 不得對抗債權人

　　公司不為前條之通知及公告，或對於在指定期限內提出異議之債權人不為清償，或不提供相當擔保者，不得以其合併對抗債權人。(公 §74)配合刑事罰則除罪化，且公司負責人如有違反前項規定而損害債權人者，自得依其他法律規定負民事責任，爰予刪除第2項。(原第2項規定:「公司負責人違反前項規定，而與其他公司合併時，各科新臺幣6萬元以下罰金。」)

五 吸收合併與新設合併

　　因合併而消滅之公司，其權利義務，應由合併後存續或另立之公司承受。(公 §75)

　　㈠吸收合併:兩個或兩個以上公司合併，未歸於消滅而仍存續之公司，稱之為存續公司。此種合併模式屬於吸收合併，也就是消滅的公司法人格由存續的公司所吸收。

　　㈡新設合併:兩個或兩個以上公司合併後均歸消滅，另外成立一個新的公司，稱之為另立公司。

9 清算

一 清算之概念

清算，並不是公司結束後，清掃辦公環境的意思，而是處理公司的一些業務、收取債權、清償債務，以及將盈餘、虧損、剩下的財產予以分派的一種程序。

二 清算人之選任

公司之清算，以全體股東為清算人。但本法或章程另有規定或經股東決議，另選清算人者，不在此限。（公§79）由股東全體清算時，股東中有死亡者，清算事務由其繼承人行之；繼承人有數人時，應由繼承人互推一人行之。（公§80）不能依第79條規定定其清算人時，法院得因利害關係人之聲請，選派清算人。（公§81）清算人應於就任後15日內，將其姓名、住所或居所及就任日期，向法院聲報。（公§83 I）違反聲報期限之規定者，各處新臺幣3千元以上1萬5千元以下罰鍰。（公§83 IV）

法院因利害關係人之聲請，認為必要時，得將清算人解任。但股東選任之清算人，亦得由股東過半數之同意，將其解任。（公§82）清算人之解任，應由股東於15日內，向法院聲報。（公§83 II）違反聲報期限之規定者，各處新臺幣3千元以上1萬5千元以下罰鍰。（公§83 IV）

清算人由法院選派時，應公告之；解任時亦同。（公§83 III）

三 清算人之職務

清算人之職務如下：㈠了結現務。㈡收取債權、清償債務。㈢分派盈餘或虧損。㈣分派賸餘財產。（公§84 I）

清算人執行前項職務，有代表公司為訴訟上或訴訟外一切行為之權。但將公司營業包括資產負債轉讓於他人時，應得全體股東之同意。（公§84 II）

清算人與公司之關係，除本法規定外，依民法關於委任之規定。（公§97）

四 清算人對外代表公司

清算人有數人時，得推定一人或數人代表公司，如未推定時，各有對於第三人代表公司之權。關於清算事務之執行，取決於過半數之同意。（公§85 I）推定代表公司之清算人，應準用第83條第1項之規定向法院聲報。（公§85 II）對於清算人代表權所加之限制，不得對抗善意第三人。（公§86）

五 清算人之檢查與完結清算

清算人就任後，應即檢查公司財產情形，造具**資產負債表及財產目錄**，送交各股東查閱。（公§87Ⅰ）對前項所為檢查有妨礙、拒絕或規避行為者，各處新臺幣2萬元以上10萬元以下罰鍰。（公§87Ⅱ）

清算人應於**6個月內完結清算**；不能於6個月內完結清算時，清算人得申敘理由，向法院聲請展期。（公§87Ⅲ）清算人不於前項規定期限內清算完結者，各處新臺幣1萬元以上5萬元以下罰鍰。（公§87Ⅳ）

清算人應於**清算完結後15日內**，造具結算表冊，送交各股東，請求其承認，如股東不於1個月內提出異議，即視為承認。但清算人有不法行為時，不在此限。（公§92）清算人應於清算完結，經送請股東承認後15日內，向法院聲報。（公§93Ⅰ）清算人違反前項聲報期限之規定時，各處新臺幣3千元以上1萬5千元以下罰鍰。（公§93Ⅱ）公司之帳簿、表冊及關於營業與清算事務之文件，應自清算完結向法院聲報之日起，保存10年，其保存人，以股東過半數之同意定之。（公§94）

六 接受股東詢問與公告

清算人遇有股東詢問時，應將清算情形隨時答覆。（公§87Ⅴ）清算人違反前項規定者，各處新臺幣1萬元以上5萬元以下罰鍰。（公§87Ⅵ）

清算人就任後，應以公告方法，催告債權人報明債權，對於明知之債權人，並應分別通知。（公§88）

七 宣告破產與剩餘財產分派

公司財產不足清償其債務時，清算人應即聲請宣告破產。（公§89Ⅰ）清算人移交其事務於破產管理人時，職務即為終了。（公§89Ⅱ）清算人違反第1項規定，不即聲請宣告破產者，各處新臺幣2萬元以上10萬元以下罰鍰。（公§89Ⅲ）

清算人非清償公司債務後，不得將公司財產分派於各股東。（公§90Ⅰ）清算人違反前項規定，分派公司財產時，各處1年以下有期徒刑、拘役或科或併科新臺幣6萬元以下罰金。（公§90Ⅱ）賸餘財產之分派，除章程另有訂定外，依各股東分派盈餘或虧損後淨餘出資之比例定之。（公§91）

八 清算人之注意義務

清算人應以善良管理人之注意處理職務，倘有怠忽而致公司發生損害時，應對公司負連帶賠償之責任；其有故意或重大過失時，並應對第三人負連帶賠償責任。（公§95）

所謂以善良管理人之注意處理職務，即「抽象輕過失責任」，屬於負擔較高的責任，可以想像成大學生被要求應該要做到研究生的努力程度，如果只有做到大學生的努力程度，導致損害的發生，就要負擔連帶賠償責任。相較於與處理自己事務為同一之注意義務之「具體輕過失責任」，負擔還要重很多，後者可以形容成大學生只要盡到大學生的努力程度。

九 清算與股東之連帶無限責任

股東之連帶無限責任，自解散登記後滿5年而消滅。（公§96）

Note

第三篇

各論—有限公司

有限公司，是除了股份有限公司之外，最為常見之一種公司型態。為了符合世界潮流的趨勢，目前有限公司的成立門檻相當低，只要 1 人就可以成立，也讓國內中小企業的發展更加興盛。

1 有限公司之設立

一 最低組成人數

　　有限公司由1人以上股東所組成。(公§98 I)股東應以全體之同意訂立章程，簽名或蓋章，置於本公司，每人各執一份。(公§98 II)

　　早期人數限制之部分，包括「2人以上20人以下」、「5人以上21人以下」，但是許多公司不希望他人參與經營，且實務上為了成立公司，大多以人頭充數，為符合社會現實，改為1人以上即可組成公司。此外，為因應公司經營之國際化、自由化，有限公司股東國籍、住所及出資額之限制已無必要，所以舊法中有關「半數以上須有中華民國國籍並在國內有住所，且其出資額合計須超過公司資本總額二分之一」之規定，就沒有存在之必要。

二 公司章程載明事項

　　公司章程應載明下列事項：(公§101 I)

㈠公司名稱。

㈡所營事業。

㈢股東姓名或名稱。

㈣資本總額及各股東出資額。

㈤盈餘及虧損分派比例或標準。

㈥本公司所在地。

㈦董事人數。

㈧定有解散事由者，其事由。

㈨訂立章程之年、月、日。

代表公司之董事不備置前項章程於本公司者，處新臺幣1萬元以上5萬元以下罰鍰。再次拒不備置者，並按次處新臺幣2萬元以上10萬元以下罰鍰。(公§101Ⅱ)

三 責任範圍與出資義務

各股東對於公司之責任，除第2項規定外，以其出資額為限。(公§99Ⅰ)

股東濫用公司之法人地位，致公司負擔特定債務且清償顯有困難，其情節重大而有必要者，該股東應負清償之責。(公§99Ⅱ)此即「揭穿公司面紗原則」之適用。

股東之出資除現金外，得以對公司所有之貨幣債權、公司事業所需之財產或技術抵充之。(公§99-1)

公司資本總額，應由各股東全部繳足，不得分期繳款或向外招募。(公§100)

我是董事長兼司機，還要當掃地的阿桑。因為本公司只有1個人，感謝公司法規定，1個人也可以開公司。

四 最低資本額制度之刪除

舊法中有最低資本總額之規定，此一規定主要是要求公司於設立登記時，最低資本須達一定數額，方得設立。

　　惟資本僅為一計算上不變之數額，與公司之現實財產並無必然等同之關係；同時資本額為公示資訊，交易相對人可透過登記主管機關之資訊網站得知該項資訊，作為交易時之判斷；再者，公司申請設立登記時，其資本額仍應先經會計師查核簽證，如資本額不敷設立成本，造成資產不足抵償負債時，董事會應即聲請宣告破產，公司登記機關依本法第388條規定將不予登記。

　　爰此，資本額如足敷公司設立時之開辦成本即准予設立，有助於公司迅速成立，亦無閒置資金之弊，該數額宜由個別公司因應其開辦成本而自行決定，尚不宜由主管機關統一訂定最低資本額。

相關考題

下列何種公司得由自然人設立「一人公司」？　(A)無限公司　(B)有限公司　(C)兩合公司　(D)股份有限公司　【99三等關務-法學知識】	(B)
我國公司法規定，何種類型之公司得以自然人1人即可成立？　(A)無限公司　(B)股份有限公司　(C)兩合公司　(D)有限公司　【98國安局五等-法學大意】	(D)

2 内部與外部關係

一 内部關係

公司法第106條規定：「公司增資，應經股東表決權過半數之同意。但股東雖同意增資，仍無按原出資數比例出資之義務。（公§106Ⅰ）有前項但書情形時，得經股東表決權過半數之同意，由新股東參加。（公§106Ⅱ）公司得經股東表決權過半數之同意減資或變更其組織為股份有限公司。（公§106Ⅲ）前三項不同意之股東，對章程修正部分，視為同意。（公§106Ⅳ）」

二 股東名簿應記載事項

公司應在本公司備置股東名簿，記載下列事項：（公§103Ⅰ）

(一)各股東出資額。

(二)各股東姓名或名稱、住所或居所。

(三)繳納股款之年、月、日。

代表公司之董事不備置前項股東名簿於本公司者，處新臺幣1萬元以上5萬元以下罰鍰。再次拒不備置者，並按次處新臺幣2萬元以上10萬元以下罰鍰。（公§103Ⅱ）

三 外部關係

每一股東不問出資多寡，均有一表決權。但得以章程訂定按出資多寡比例分配表決權。（公§102Ⅰ）政府或法人為股東時，準用公司法第181條之規定（代表人與表決權）。（公§102Ⅱ）配合第108條有限公司採董事單軌制，不再準用股份有限公司之有

關規定，故有限公司股東會之組織應予廢除，爰將原第2項刪除（公司有股東會組織者，除本法及章程另有規定外，準用股份有限公司股東會之規定）。

四 執行業務董事與對外代表人

　　公司應至少置董事1人執行業務並代表公司，最多置董事3人，應經股東表決權三分之二以上之同意，就有行為能力之股東中選任之。董事有數人時，得以章程特定1人為董事長，對外代表公司；董事長應經董事過半數之同意互選之。（公§108Ⅰ）

　　董事請假或因故不能行使職權時，指定股東1人代理之；未指定代理人者，由股東間互推1人代理之。（公§108Ⅱ）若執行業務董事請假或不能行使職權時並無其他董事可代理，惟恐在法條準用上產生疑義，建議明訂產生代理人之方式。

五 競業禁止

　　董事為自己或他人為與公司同類業務之行為，應對全體股東說明其行為之重要內容，並經股東表決權三分之二以上同意。（公§108Ⅲ）

相關考題

下列何者係有限公司股東出資之憑證？　(A)股票　(B)股單　(C)股條　(D)股券　　　　　　　　　　　　【97調查局 - 法學知識與英文】	(B)

3 增資與出資轉讓

一 增資

公司資金不夠，需要買新設備、蓋新廠房，該怎麼辦？

增資，是一種方法。公司增資，應經股東表決權過半數之同意。但股東雖同意增資，仍無按原出資數比例出資之義務。（公§106 I）所以同意增資，不代表就有出資義務。換個說法，我（股東）同意公司尋覓資金，但不代表我（股東）就有義務要出錢。

有前項但書情形時，得經股東表決權過半數之同意，由新股東參加。（公§106 II）公司得經股東表決權過半數之同意減資或變更其組織為股份有限公司。（公§106 III）前三項不同意之股東，對章程修正部分，視為同意。（公§106 IV）

二 出資轉讓之限制

股東非得其他股東表決權過半數之同意，不得以其出資之全部或一部，轉讓於他人。（公§111 I）畢竟有限公司的成員關係比較緊密，當初在公司成立之初，也許就是因為特定人的參與，才讓其他成員有吸引力。

假設郭台銘是某有限公司成立之初的股東，也因為他的參加，使得許多人願意加入，可是突然郭台銘要將股份轉讓給一位街頭流浪漢，對其他股東當然影響非常大；有如一群小豬當股東，突然有一位小豬股東要將股份賣給野狼，那可是引狼入室啊！所以，公司法規設定要過半數同意之門檻，否則不得轉讓。

董事非得其他股東表決權三分之二以上之同意，不得以其出資之全部或一部，轉讓於他人。（公§111 II）

三 轉讓之優先受讓權

前二項轉讓，不同意之股東有優先受讓權；如不承受，視為同意轉讓，並同意修改章程有關股東及其出資額事項。（公§111 III）

法院依強制執行程序，將股東之出資轉讓於他人時，應通知公司及其他股東，於20日內，依公司法第111條第1項或第2項之方式，指定受讓人；逾期未指定或指定之受讓人不依同一條件受讓時，視為同意轉讓，並同意修改章程有關股東及其出資額事項。（公§111 IV）

相關考題

依公司法規定，有限公司股東若欲將出資轉讓他人，須經何種程序？ (A)全體股東同意 (B)全體股東過半數同意 (C)全體股東三分之二同意 (D)股份自由轉讓即可 【99初等人事行政-法學大意】	(B)
A 有限公司之股東甲、乙、丙、丁、戊 5 人，甲出資新臺幣（下同）50 萬元，乙出資 30 萬元，丙、丁各出資 20 萬元，戊出資 10 萬元，公司章程規定出資每 10 萬元有一表決權。A 公司應以下列何種方式，通過增資 100 萬元之決定？ (A)應至少經 3 位股東之同意 (B)應得到全體股東之同意 (C)應獲得至少 7 票表決權之同意 (D)應獲得至少 9 票表決權之同意 【105三等關務-法學知識】	(C)

4 變更組織、盈餘公積與其他規定

一 變更組織

變更組織：指公司在不影響其法人格之存續，變更其法律上之組織，使其成為其他種類之公司。

公司為變更組織之決議後，應即向各債權人分別通知及公告。（公 §107 I）變更組織後之公司，應承擔變更組織前公司之債務。（公 §107 II）

二 盈餘公積

㈠法定盈餘公積

法定盈餘公積：依法律之強制規定，從每一決算期之盈餘中，提撥一定比例之金額加以積存，藉以健全公司財務，及保護公司債權人之利益。

公司於彌補虧損完納一切稅捐後，分派盈餘時，應先提出百分之十為法定盈餘公積。但法定盈餘公積已達資本總額時，不在此限。（公 §112 I）

第239條、第241條第1項第2款及第3項之規定，於有限公司準用之。（公 §112 III）

公司負責人違反第1項規定，不提法定盈餘公積時，各處新臺幣2萬元以上10萬元以下罰金。（公 §112 IV）

(二)特別盈餘公積

除公司法第112條第1項法定盈餘公積外，公司得以章程訂定，或經股東表決權三分之二以上之同意，另提特別盈餘公積。（公§112Ⅱ）

實務見解 變更組織

有限公司依公司法規定變更其組織為股份有限公司，其法人人格之存續不受影響，就該公司之不動產權利變更為股份有限公司之名義時，無契稅條例第2條第1項之適用，依租稅法律主義，自不應課徵契稅。但非依法變更組織者，其不動產權利之移轉，不在此限。（釋字第167號解釋）

三 其他規定

(一)監察權：不執行業務之股東，均得行使監察權；其監察權之行使，準用第48條之規定。（公§109 I）不執行業務之股東辦理前項事務，得代表公司委託律師、會計師審核之。（公§109 II）規避、妨礙或拒絕不執行業務股東行使監察權者，代表公司之董事各處新臺幣2萬元以上10萬元以下罰鍰。（公§109 III）

(二)表冊承認：每屆會計年度終了，董事應依公司法第228條之規定，造具各項表冊，分送各股東，請其承認，其承認應經股東表決權過半數之同意。（公§110 I）前項表冊，至遲應於每會計年度終了後6個月內分送。分送後逾1個月未提出異議者，視為承認。（公§110 II）第228-1條、第231條至第233條、第235條、第235-1條、第240條第1項及第245條第1項之規定，於有限公司準用之。（公§110 III）

(三)解散及清算：公司變更章程、合併、解散及清算，應經股東表決權三分之二以上之同意。（公§113 I）除前項規定外，公司變更章程、合併、解散及清算，準用無限公司有關之規定。（公§113 II）

相關考題

下列關於公司之敘述，何者正確？ (A)股份有限公司之董事必須是公司之股東 (B)股份有限公司之監察人不得單獨行使監察權 (C)有限公司之不執行業務股東，均得行使監察權 (D)有限公司之董事非得其他全體股東過半數之同意，不得將其出資轉讓於他人 【100地方特考四等-法學知識與英文】	(C)
有關公司章程之敘述，下列何者錯誤？ (A)股份有限公司之章程應訂明股份總數與每股金額，股份總數由董事會依公司需要，得分次發行 (B)公開發行股票公司之董事選舉，採候選人提名制度者，應載明於章程 (C)有限公司由於人合性質，故股東無論出資多寡都僅有一表決權，且不得以章程變更之 (D)有限公司之章程應載明公司資本總額，於公司設立時由各股東繳足，不得分次發行 【100地方特考五等經建行政-法學大意】	(C)

第四篇

各論─兩合公司

兩合公司，簡單來說就是同時具有無限責任股東與有限責任股東之一種公司，但是這類型的公司在實務運作上相當少見。由於運作較為複雜，且實際上也沒有必要性。

1 基本概念

一 兩合公司之組成

　　兩合公司以無限責任股東與有限責任股東組織之。（公§114 I）所謂兩合公司，就是同時具有無限公司與有限公司特性之結合，但是這類型的公司在實務運作上比較少見。

　　兩合公司除本章規定外，準用第二章（無限公司）之規定。（公§115）

二 股東責任與出資

　　無限責任股東，對公司債務負連帶無限清償責任；有限責任股東，以出資額為限，對於公司負其責任。（公§114 II）

　　兩合公司之章程，除記載第41條所列各款事項外，並應記明各股東之責任為無限或有限。（公§116）

　　有限責任股東，不得以勞務為出資。（公§117）換言之，除了財產出資之外，權利也可以作為出資之標的。

三 解散

　　公司因無限責任股東或有限責任股東全體之退股而解散。但其餘股東得以一致之同意，加入無限責任股東或有限責任股東，繼續經營。（公§126 I）前項有限責任股東全體退股時，無限責任股東在2人以上者，得以一致之同意變更其組織為無限公司。（公§126 II）無限責任股東與有限責任股東，以全體之同意，變更其組織為無限公司時，依前項規定行之。（公§126 III）公司得

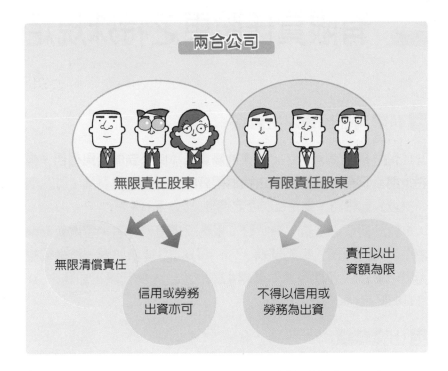

經股東三分之二以上之同意變更章程，將其組織變更為有限公司或股份有限公司。（公§126Ⅳ）前項情形，不同意之股東得以書面向公司聲明退股。（公§126Ⅴ）

四 清算

清算由全體無限責任股東任之。但無限責任股東得以過半數之同意另行選任清算人；其解任時亦同。（公§127）

兩合公司的情況在實務的運作上較為複雜，因為同時具有有限公司與無限公司兩種性質，實務上也甚少看到這類型的公司，無限公司因為責任較重，比例上也較低。一般比較常見者，仍屬有限公司、股份有限公司為主。

2 有限責任股東之特殊規定

■ 一 有限責任股東之檢查權

有限責任股東，得於每會計年度終了時，查閱公司帳目、業務及財產情形；必要時，法院得因有限責任股東之聲請，許其隨時檢查公司帳目、業務及財產之情形。(公§118Ⅰ)

對於前項之檢查，有妨礙、拒絕或規避行為者，各處新臺幣2萬元以上10萬元以下罰鍰。(公§118Ⅱ)連續妨礙、拒絕或規避者，並按次連續各處新臺幣4萬元以上20萬元以下罰鍰。(公§118Ⅲ)

■ 二 出資轉讓

有限責任股東，非得無限責任股東過半數之同意，不得以其出資全部或一部，轉讓於他人。(公§119Ⅰ)公司法第111條第2項及第4項之規定，於前項準用之。(公§119Ⅱ)有關第111條第2項：「前項轉讓，不同意之股東有優先受讓權；如不承受，視為同意轉讓，並同意修改章程有關股東及其出資額事項。」及第4項：「法院依強制執行程序，將股東之出資轉讓於他人時，應通知公司及其他全體股東，於20日內，依第1項或第3項之方式，指定受讓人；逾期未指定或指定之受讓人不依同一條件受讓時，視為同意轉讓。」

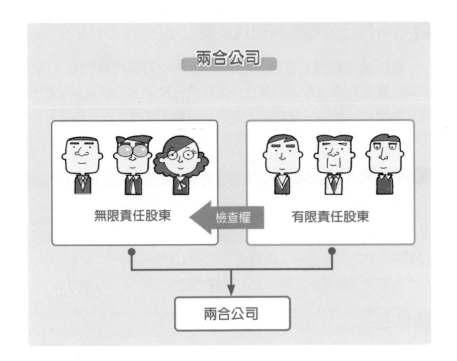

三 較低限制

　　有限責任股東，得為自己或他人，為與本公司同類營業之行為；亦得為他公司之無限責任股東，或合夥事業之合夥人。（公§120）

四 表見行為

　　有限責任股東，如有可以令人信其為無限責任股東之行為者，對於善意第三人，負無限責任股東之責任。（公§121）

五 不得執行公司業務與代表權

　　有限責任股東，不得執行公司業務及對外代表公司。（公§122）畢竟負擔比較大的責任是無限責任股東，如果讓有限責任股東能夠執行業務，是否會因為擔負的責任較輕，而有恣意妄為之情況，進而傷害了無限責任股東之權益。

六 退股與出資之繼承

　　有限責任股東，不因受監護或輔助宣告而退股。（公§123 I）有限責任股東遇有非可歸責於自己之重大事由時，得經無限責任股東過半數之同意退股，或聲請法院准其退股。（公§124）

　　有限責任股東死亡時，其出資歸其繼承人。（公§123 II）

七 除名

　　有限責任股東有左列各款情事之一者，得經全體無限責任股東之同意，將其除名：（公§125 I）

　㈠不履行出資義務者。

　㈡有不正當行為，妨害公司利益者。

　　前項除名，非通知該股東後，不得對抗之。（公§125 II）

第五篇

各論—股份有限公司

股份有限公司是目前主要的公司型態，也是大眾主要的投資標的。由於股份有限公司通常股東人數眾多，因此有許多特殊的規定來規範公司的運作方式，例如選舉董監事的投票方式、收購委託書，都是與前述公司迥異之制度。

1 設立

一 發起人

　　股份有限公司應有2人以上為發起人。（公§128Ⅰ）無行為能力人、限制行為能力人或受輔助宣告尚未撤銷之人，不得為發起人。（公§128Ⅱ）政府或法人均得為發起人。但法人為發起人者，以下列情形為限：（公§128Ⅲ）

　㈠公司或有限合夥。

　㈡以其自行研發之專門技術或智慧財產權作價投資之法人。

　㈢經目的事業主管機關認屬與其創設目的相關而予核准之法人。

　　鑑於法人亦有參與投資商業活動擔任發起人，以利技術移轉之需要，有必要放寬法人發起人資格之限制。即法人為發起人者，除公司外，以其自行研發之專門技術或智慧財產權作價投資之法人或經目的事業主管機關核准之法人，亦可擔任公司發起人。爰修正第3項但書之規定。

二 1人發起

　　政府或法人股東1人所組織之股份有限公司，不受前條第1項之限制。該公司之股東會職權由董事會行使，不適用本法有關股東會之規定。（公§128-1Ⅰ）

　　前項公司，得依章程規定不設董事會，置董事1人或2人；置董事1人者，以其為董事長，董事會之職權由該董事行使，不適用本法有關董事會之規定；置董事2人者，準用本法有關董事會之規定。（公§128-1Ⅱ）第1項公司，得依章程規定不置監察人；未置監察人者，不適用本法有關監察人之規定。（公§128-1Ⅲ）第1項公司之董事、監察人，由政府或法人股東指派。（公§128-1Ⅳ）

三 發起設立及募起設立

㈠發起設立：公司設立時，第一次應發行之股票全部由發起人
認足，不需要另外向外界招募資金認股。

㈡募起設立：發起人不認足第一次發行之股份，而將未認足之
餘額，對外公開招募資金而設立之方式。

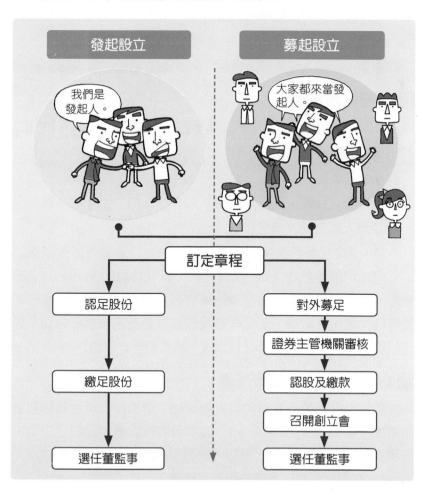

四 訂立章程

　　發起人應以全體之同意訂立章程，載明下列各款事項，並簽名或蓋章：（公§129）

(一)公司名稱。　　　　　　　　(二)所營事業。

(三)採行票面金額股者，股份總數
　　及每股金額；採行無票面金額
　　股者，股份總數。　　　　　　(四)本公司所在地。

(五)董事及監察人之人數及任期。　(六)訂立章程之年、月、日。

五 必要記載事項

　　下列各款事項，非經載明於章程者，不生效力：（公§130Ⅰ）

(一)分公司之設立。

(二)解散之事由。

(三)特別股之種類及其權利義務。

(四)發起人所得受之特別利益及受益者之姓名。

　　前項第4款發起人所得受之特別利益，股東會得修改或撤銷之。但不得侵及發起人既得之利益。（公§130Ⅱ）另外，為活絡資金，以免徒增公司頻於召開股東會修正章程，俾彈性調整公司債可轉換股份之數額，使公司在授權資本範圍內視實際需要，靈活運用，刪除第1項第6款（公司債可轉換股份之數額）。

六 認足股份及選任董監事

　　發起人認足第一次應發行之股份時，應即按股繳足股款並選任董事及監察人。（公§131Ⅰ）其中有關按股繳足股款之規定，即所謂發起人出資義務之履行，另外依據公司法第139條規定：「認股人有照所填認股書繳納股款之義務。」

七　現物出資

　　發起人之出資，除現金外得以公司事業所需之財產、技術抵充之。（公§131Ⅲ）也就是所謂的「現物出資」，如提供機器、土地等物。

八　選任董監事

　　公司法第131條第1項（董事及監察人）選任方法，準用第198條之規定。（公§131Ⅱ）

　　公司法第198條第1項規定：「股東會選任董事時，除公司章程另有規定外，每一股份有與應選出董事人數相同之選舉權，得集中選舉一人，或分配選舉數人，由所得選票代表選舉權較多者，當選為董事。」第2項規定：「第178條之（利害關係迴避條款）規定，對於前項選舉權，不適用之。」

相關考題

關於股份有限公司之發起人，下列敘述何者為錯誤？　(A)如為自然人，須具有完全之行為能力，才能為發起人　(B)財團法人工業技術研究院可以其技術作為出資成為發起人　(C)發起人經全體同意訂立章程　(D)發起人不得享有報酬或特別利益　【100三等海巡-法學知識與英文】	(D)
關於股份有限公司章程之敘述，下列何者錯誤？　(A)公司為超越章程所載所營事業之法律行為，對公司不生效力　(B)章程應載明董事與監察人之人數與任期　(C)公司章程得規定公司得為保證人　(D)公司變更章程時，應經股東會特別決議　【100關稅三等-法學知識】	(A)
公司於設立登記前，發起人就公司設立所生之法律關係，除公司法另有規定外，應屬於下列何種關係？　(A)合夥　(B)信託　(C)寄託　(D)委任　【104三等地特-法學知識與英文】	(A)

九 募起設立

發起人不認足第一次發行之股份時，應募足之。（公§132Ⅰ）前項股份招募時，得依第157條之規定發行特別股。（公§132Ⅱ）

十 募起設立之審核

因為募起設立必須對外籌募資金，為了避免有不法情況發生，必須符合一定的基本條件，由證券主管機關進行基礎的審核，以避免不法集團假藉設立新公司，對外詐騙錢財。

發起人公開招募股份時，應先具備下列事項，申請證券主管機關審核：（公§133Ⅰ）

㈠營業計畫書。

㈡發起人姓名、經歷、認股數目及出資種類。

㈢招股章程。

㈣代收股款之銀行或郵局名稱及地址。

㈤有承銷或代銷機構者，其名稱及約定事項。

㈥證券主管機關規定之其他事項。

前項發起人所認股份，不得少於第一次發行股份四分之一。（公§133Ⅱ）發行人不能只認少少的股份，例如百分之一，那到

底有沒有設立公司的誠意，還是只是想要拿投資人的錢來揮霍。所以，至少也要占四分之一。

第1項各款，應於證券主管機關通知到達之日起30日內，加記核准文號及年、月、日公告招募之。但第5款約定事項，得免予公告。（公§133Ⅲ）

圡 不予核准或撤銷核准事項

申請公開招募股份有左列情形之一者，證券主管機關得不予核准或撤銷核准：（公§135Ⅰ）

㈠申請事項有違反法令或虛偽者。

㈡申請事項有變更，經限期補正而未補正者。

發起人有前項第2款（申請事項有變更，經限期補正而未補正者）情事時，由證券主管機關各處新臺幣2萬元以上10萬元以下罰鍰。（公§135Ⅱ）

公司法第135條撤銷核准，未招募者，停止招募；已招募者，應募人得依股份原發行金額，加算法定利息，請求返還。（公§136）

圡 招股章程應記載事項

招股章程，應載明下列各款事項：（公§137）

㈠公司法第129條及第130條（章程）所列各款事項。

㈡各發起人所認之股數。

㈢股票超過票面金額發行者，其金額。

㈣招募股份總數募足之期限，及逾期未募足時，得由認股人撤回所認股份之聲明。

㈤發行特別股者，其總額及公司法第157條第1項各款之規定。

圄 認股書

發起人應備認股書,載明第133條第1項各款事項,並加記證券主管機關核准文號及年、月、日,由認股人填寫所認股數、金額及其住所或居所,簽名或蓋章。(公§138Ⅰ)發起人違反第1項規定,不備認股書者,由證券主管機關各處新臺幣1萬元以上5萬元以下罰鍰。(公§138Ⅲ)

崗 發行價格與折價發行股票

以超過票面金額發行股票者,認股人應於認股書註明認繳之金額。(公§138Ⅱ)認股人有照所填認股書繳納股款之義務。(公§139)所以,認股行為屬於「要式行為」,認股人填寫寄送認股書,如同「附停止條件之承諾」,契約因條件成就(認股成立)而成立。

採行票面金額股之公司,其股票之發行價格,不得低於票面金額。但公開發行股票之公司,證券主管機關另有規定者,不在此限。(公§140Ⅰ)採行無票面金額股之公司,其股票之發行價格不受限制。(公§140Ⅱ)

盍 催繳股款

第一次發行股份總數募足時,發起人應即向各認股人催繳股款,以超過票面金額發行股票時,其溢額應與股款同時繳納。(公§141)

認股人延欠前條應繳之股款時,發起人應定1個月以上之期限催告該認股人照繳,並聲明逾期不繳失其權利。(公§142Ⅰ)發起人已為前項之催告,認股人不照繳者,即失其權利,所認股份另行募集。(公§142Ⅱ)前項情形,如有損害,仍得向認股人請求賠償。(公§142Ⅲ)此即所謂的「失權程序」,屬於發起人對

延繳股款之多數認股人所為一種片面的、集團的失權處分程序。之所以要賦予發起人此一失權處分，乃因基於授權資本制下之分次發行股份，第一次發行仍應該嚴守「資本確定原則」，必須全部認足或募足，公司始得成立。

大 創立會之報告事項

發起人應就下列各款事項報告於創立會：（公§145Ⅰ）

㈠公司章程。

㈡股東名簿。

㈢已發行之股份總數。

㈣以現金以外之財產、技術抵繳股款者，其姓名及其財產、技術之種類、數量、價格或估價之標準及公司核給之股數。

㈤應歸公司負擔之設立費用，及發起人得受報酬。

㈥發行特別股者，其股份總數。

㈦董事、監察人名單，並註明其住所或居所、國民身分證統一編號或其他經政府核發之身分證明文件字號。

發起人對於前項報告有虛偽情事時，各科新臺幣6萬元以下罰金。（公§145Ⅱ）

🈢 創立會選任董監事

創立會應選任董事、監察人。董事、監察人經選任後，應即就前（145）條所列事項，為確實之調查並向創立會報告。（公§146Ⅰ）董事、監察人如有由發起人當選，且與自身有利害關係者，前項調查，創立會得另選檢查人為之。（公§146Ⅱ）前二項所定調查，如有冒濫或虛偽者，由創立會裁減之。（公§146Ⅲ）

發起人如有妨礙調查之行為或董事、監察人、檢查人報告有虛偽者，各科新臺幣6萬元以下罰金。（公§146Ⅳ）

公司法第146條第1項、第2項之調查報告，經董事、監察人或檢查人之請求延期提出時，創立會應準用第182條之規定，延期或續行集會。（公§146Ⅴ）

🈢 發起人之責任

未認足之第一次發行股份，及已認而未繳股款者，應由發起人連帶認繳；其已認而經撤回者亦同。（公§148）

因公司法第147條及第148條情形，公司受有損害時，得向發起人請求賠償。（公§149）公司不能成立時，發起人關於公司設立所為之行為，及設立所需之費用，均應負連帶責任，其因冒濫經裁減者亦同。（公§150）

發起人對於公司設立事項，如有怠忽其任務致公司受損害時，應對公司負連帶賠償責任。（公§155Ⅰ）發起人對於公司在設立登記前所負債務，在登記後亦負連帶責任。（公§155Ⅱ）

🈢 發起人報酬或特別利益之裁減

發起人所得受之報酬或特別利益及公司所負擔之設立費用有冒

創立會選任董監事示意圖

各位股東，本創立會要趕緊選出董監事名單。

認股人

濫者，創立會均得裁減之，用以抵作股款之財產，如估價過高者，創立會得減少其所給股數或責令補足。（公§147）（參照第97頁圖）

創立會之修改章程或不設立公司之決議

創立會得修改章程或為公司不設立之決議。（公§151Ⅰ）公司法第277條第2項至第4項之規定（普通決議之出席股東股份總數及表決權數），於前項修改章程準用之；第316條之規定，於前項公司不設立之決議準用之。（公§151Ⅱ）

認股人撤回認股權

第一次發行股份募足後，逾3個月而股款尚未繳足，或已繳納而發起人不於2個月內召集創立會者，認股人得撤回其所認之股。（公§152）創立會結束後，認股人不得將股份撤回。（公§153）

為了讓認股人的投資獲得保障，一定期間內股款無法繳足，

或者是未能召集創立會，對於公司未來之成立與經營都影響甚鉅。而認股人看到公司前景黯淡，當然就可以主張要撤回其所認之股，如同撤回其認股之意思表示；但是，如果已經成立創立會，此時認股人還可以撤回認股的意思表示的話，則對公司設立與營運的穩定性會造成妨害，所以法律規定不得撤回。

🔲 股東之責任

　　股東對於公司之責任，除第2項規定外，以繳清其股份之金額為限。（公§154Ⅰ）股東濫用公司之法人地位，致公司負擔特定債務且清償顯有困難，其情節重大而有必要者，該股東應負清償之責。（公§154Ⅱ）

　　按「揭穿公司面紗」之原則，其目的在防免股東濫用公司之法人地位而脫免責任導致債權人之權利落空，求償無門。為保障債權人權益，我國亦有引進揭穿公司面紗原則之必要。

　　因此，本條第2項明定倘股東有濫用公司之法人地位之情形，導致公司負擔特定債務而清償有顯著困難，且其情節重大而有必要者，該股東仍應負擔清償債務之責任。

　　法院適用揭穿公司面紗之原則時，其審酌之因素，例如審酌該公司之股東人數與股權集中程度；系爭債務是否係源於該股東之詐欺行偽；公司資本是否顯著不足承擔其所營事業可能生成之債務等情形。

相關考題

下列何種公司得採募集設立？　(A)無限公司　(B)有限公司　(C)兩合公司　(D)股份有限公司　　　　【97鐵公路佐級公路監理-法學大意】	(D)

2 股份

一 股份之概念

　　股東透過股份之持有，可以享有公司之權利與義務。所以公司法規定：股份有限公司之資本，應分為股份，擇一採行票面金額股或無票面金額股。（公§156 I）

二 股份之發行

　　公司採行票面金額股者，每股金額應歸一律；採行無票面金額股者，其所得之股款應全數撥充資本。（公§156 II）

　　公司股份之一部分得為特別股；其種類，由章程定之。（公§156 III）

　　公司章程所定股份總數，得分次發行；同次發行之股份，其發行條件相同者，價格應歸一律。但公開發行股票之公司，其股票發行價格之決定方法，得由證券主管機關另定之。（公§156 IV）

　　股東之出資，除現金外，得以對公司所有之貨幣債權、公司事業所需之財產或技術抵充之；其抵充之數額需經董事會決議。（公§156 V）

　　公司得經有代表已發行股份總數三分之二以上股東出席之股東會，以出席股東表決權過半數之同意，將已發行之票面金額股全數轉換為無票面金額股；其於轉換前依第241條第1項第1款提列之資本公積，應全數轉為資本。（公§156-1 I）

　　前項出席股東股份總數及表決權數，章程有較高之規定者，從其規定。（公§156-1 II）

茂德公司之以債作股

民國100年，欠了一屁股債的茂德公司（5387）股價不到1元，當年借錢給茂德公司的銀行團，現在都已經面臨提列呆帳的心理準備，並且無奈地被動接受茂德公司以債作股的做法。

茂德在財務壓力下，召開臨時董事會，經過減資65%之後，又再減資85%，不僅減幅高居上櫃公司之冠，連續2年進行減資也創下首例。此外，董事會決定以600億元為上限，邀銀行團以債作股，參與私募現金增資，讓銀行團從最大債權人變成最大股東。（目前業已下市）

公司印製股票者，依第一項規定將已發行之票面金額股全數轉換為無票面金額股時，已發行之票面金額股之每股金額，自轉換基準日起，視為無記載。（公§156-1 Ⅲ）

前項情形，公司應通知各股東於轉換基準日起6個月內換取股票。（公§156-1 Ⅳ）前四項規定，於公開發行股票之公司，不適用之。（公§156-1 Ⅴ）公司採行無票面金額股者，不得轉換為票面金額股。（公§156-1 Ⅵ）

三 申請辦理及停止公開發行

公司得依董事會之決議，向證券主管機關申請辦理公開發行程序；申請停止公開發行者，應有代表已發行股份總數三分之二以上股東出席之股東會，以出席股東表決權過半數之同意行之。（公§156-2 I）

曾派發100元股利的全銓（股票代號：8913），108年10月15日董事會決議申請終止上櫃，並於同年12月3日臨時股東會決議通過。

出席股東之股份總數不足前項定額者，得以有代表已發行股份總數過半數股東之出席，出席股東表決權三分之二以上之同意行之。（公§156-2 II）

前二項出席股東股份總數及表決權數，章程有較高之規定者，從其規定。（公§156-2 III）

公開發行股票之公司已解散、他遷不明或因不可歸責於公司之事由，致無法履行證券交易法規定有關公開發行股票公司之義務時，證券主管機關得停止其公開發行。（公§156-2 IV）

公營事業之申請辦理公開發行及停止公開發行，應先經該公營事業之主管機關專案核定。（公§156-2 V）

四 股東出資

股東之出資，除現金外，得以對公司所有之貨幣債權、公司事業所需之財產或技術抵充之；其抵充之數額需經董事會決議。（公§156 V）公司非經設立登記或發行新股變更登記後，不得發行股票。但公開發行股票之公司，證券主管機關另有規定者，不在此限。（公§161 I）第1項增訂但書規定允許公開發行股票之公司發行可轉換公司債時，公司得逕行交付股票，事後再以補辦變更登記之方式辦理。違反前項規定發行股票者，其股票無效。但持有人得向發行股票人請求損害賠償。（公§161 II）

五 股份交換

　　公司設立後得發行新股作為受讓他公司股份之對價，需經董事會三分之二以上董事出席，以出席董事過半數決議行之，不受第267條第1項至第3項之限制。（公§156-3）通常雙方公司會決定一個換股比例，然後各自由董事會決議發行新股，來換發對方公司之股票。（參考以下實例）

英業達合併英華達

　　筆記型電腦代工公司英業達（2356）與英華達（3367）合併換股，英業達表示原來就持有43.7%英華達股權，考量整合雙方業務與經營綜效，因此決議換股合併，將增資發行50.7億股新股換取英華達股票，換股比例將以1股英華達換發1.68股英業達股票，合併基準日於100年10月7日，英華達也將終止上市並撤銷公開發行。

　　英業達增資發行50.7億股新股換發英華達股票，以宣布之日收盤價14.7元計算，等於英業達以74.5億元合併英華達，未來將100%擁有英華達。不過，以換股比例換算收購價格來看，英業達約是溢價20%買入英華達，對此徐信群強調，價格不是主要考量的因素，併入英華達後效益可期，才是決議買入的關鍵。

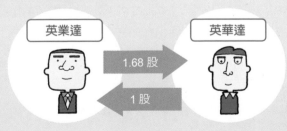

日月光公開收購矽品案

　　104年8月21日，日月光公司董事會通過公開收購矽品公司案[註]，以每股45元的價格，最多收購普通股779,000,000股，以當時矽品的股本計算：

7.79億股／31.164億股（實收資本額311.64億元）＝25%

　　矽品公司依法成立審議委員會，並認為該價格偏低，建議股東不參與本件公開收購的應賣。矽品並與鴻海公司簽署本意向書，擬依公司法第156條第8項及／或相關法律規定，以股份交換方式互相取得對方新發行之普通股股份。

- 換股比例為鴻海公司普通股1股換發矽品公司普通股2.34股。
- 雙方將各自發行新股，進行股份交換。
- 鴻海公司將取得矽品公司共840,600,000股普通股，占本公司增資後約21.24%之股權；矽品公司將取得鴻海公司共359,230,769股普通股，占甲方無償配股及本次增資發行新股後約2.20%之股權。

　　矽品的目的在稀釋日月光公司取得矽品公司的比例，並且讓鴻海公司持有股份比例高過於日月光公司，其相關計算如下：

矽品原有31.164億股，預計增資8.406億股，合計39.57億股

鴻海公司：8.406億股／39.57億股＝21.24%

日月光公司：7.79億股／39.57億股＝19.69%

（鴻海與矽品股權交換案，矽品臨時股東會並未支持本案；105年5月26日兩公司決定攜手合作，先下市再以控股公司上市）

註：依據公開收購公開發行公司有價證券管理辦法，「公開收購」，係指不經由有價證券集中交易市場或證券商營業處所，對非特定人以公告、廣告、廣播、電傳資訊、信函、電話、發表會、說明會或其他方式為公開要約而購買有價證券之行為。

經營權爭奪戰：智冠 vs 網銀集團

市場派想要拿下經營權，通常會組成聯盟，或者是從市場上購買股權，攻城略地總是比較困難，公司派有很多手段可以打退敵人，一種也是組成聯盟，另外一種就是私募、交換股權，藉著發行新股來稀釋敵對方的股權比例。

私募、交換股權都是針對特定人士所為，兩者的差別之一，在於私募是增資後將股份以便宜價格賣給特定人士，特定人士必須拿錢出來換；交換股權，則是由某公司拿出該公司的股票，股票換股票。

智冠(股票代號：5478)在2018年時就曾經遇到網銀集團爭奪經營權，當時智冠董事長王俊博在榮剛(股票代號：5009)董事長王炯棻擔任操盤手，始躲過經營權之爭危機，王炯棻也出任智冠的董事迄今。今年11月下半旬，智冠股價又突然竄起，傳聞網銀近期持續加碼智冠，明年董監改選行情提前啟動，泛網銀集團(包括網銀、僑誼開發、鉑鉅控股及興天)的持股約27%，公司派則大約掌控30%。

由於兵臨城下，公司派不得不思考該如何防禦，於是又找上了榮鋼公司的王董事長，雙方即採取公司法第156-3條交換持股的方式，來抵禦市場派的入侵。雖然表面上是說雙方換股是為了「建構新世代產業動能、串聯健康娛樂生態圈」，但外界還是認為實際要阻斷網銀搶奪經營權的意圖。若交換持股順利，則原本公司派：市場派＝30%：27%，就會變成約42%：22%。

六 閉鎖公司得不發行股票

股份有限公司原則上應該要發行股票，依據公司法之規定：公開發行股票之公司，應於設立登記或發行新股變更登記後3個月內發行股票。(公§161-1Ⅰ)

公司負責人違反前項規定，不發行股票者，除由證券主管機關令其限期發行外，各處新臺幣24萬元以上240萬元以下罰鍰；屆期仍未發行者，得繼續令其限期發行，並按次處罰至發行股票為止。（公§161-1Ⅱ）

股份有限公司欲成為公開發行公司須經下列何種程序？　(A)股東會決議　(B)董事會決議　(C)董事長決定　(D)公司資本額達一定數額以上即強制公開發行　　　　　【99初等人事行政-法學大意】	(B)

解析：公司法第156條第2項規定。

有關股份有限公司發行股票之敘述，下列何者錯誤？　(A)凡屬股份有限公司，即必須發行股票　(B)公司設立登記前，不得發行股票　(C)公開發行公司，得以無實體方式發行股票　(D)股票應由董事3人以上簽名，並經簽證　　　　　【100地方特考五等-法學大意】	(A)

解析：
(A)公司法第161-1條第1項規定。(B)公司法第161條第1項本文規定。
(C)公司法第162-2條規定：「公開發行股票之公司，其發行之股份得免印製股票。依前項規定發行之股份，應洽證券集中保管事業機構登錄。」
(D)公司法第162條第1項規定：「股票應編號，載明左列事項，由董事3人以上簽名或蓋章，並經主管機關或其核定之發行登記機構簽證後發行之：……」

七 金融海嘯與企業紓困

公司設立後，為改善財務結構或回復正常營運，而參與政府專案核定之紓困方案時，得發行新股轉讓於政府，作為接受政府財務上協助之對價；其發行程序不受本法有關發行新股規定之限制，其相關辦法由中央主管機關定之。（公§156-4Ⅰ）

此一規定是參考美國2008年金融海嘯時，美國政府撥付

2008金融海嘯：冰島的沉沒

冰島經歷了2008年的金融大浩劫，導致銀行倒成一片，金融體系可以說呈停擺狀況，本國貨幣一出國境，居然形同廢紙。冰島連續多年的經濟繁榮，卻因為這場世紀金融泡沫而一夕破滅，曾經占整體股市約75%市值的銀行業，全被收歸國有。

冰島過去高達兩位數的利率，吸引外國投資人與存款戶存入其中，推高了冰島匯價，鄰近的英國存戶就存有約40億英鎊。金融海嘯前，冰島的中央銀行持有20億美元之外匯存底，但外債卻高達700億美元，當金融海嘯來襲時，引發外資撤出潮，冰島金融市場快速崩堤。

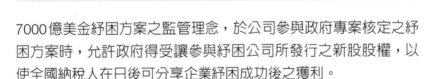

2008金融海嘯

7000億美金紓困方案之監管理念，於公司參與政府專案核定之紓困方案時，允許政府得受讓參與紓困公司所發行之新股股權，以使全國納稅人在日後可分享企業紓困成功後之獲利。

我國同樣受金融海嘯所波及，也參照美國挽救經濟的紓困方案，制定上開規定。上開條文規定中，所謂「其發行程序不受本法有關發行新股規定之限制者」，係指公司發行新股原本歸屬於企業自治事項，然公司在參與政府專案核定之紓困方案時，已有公權力介入之情形，此時對於企業自治行為應予適度緩和，故授權由中央主管機關就新股發行程序訂立相關辦法，以茲適用。

前項紓困方案達新臺幣10億元以上者，應由專案核定之主管機關會同受紓困之公司，向立法院報告其自救計畫。（公§156-4Ⅱ）

八 特別股之發行

特別股可以比普通股擁有更好的條件，但也可能條件更差。例如常見的特別股，並沒有表決權，也就是擁有較高的股息，但卻不能介入公司的經營，屬於投資股東的類型。

公司發行特別股時，應就下列各款於章程中定之：（公§157 I）

(一)特別股分派股息及紅利之順序、定額或定率。

(二)特別股分派公司賸餘財產之順序、定額或定率。

(三)特別股之股東行使表決權之順序、限制或無表決權。

(四)複數表決權特別股或對於特定事項具否決權特別股。

(五)特別股股東被選舉為董事、監察人之禁止或限制，或當選一定名額董事之權利。

(六)特別股轉換成普通股之轉換股數、方法或轉換公式。

(七)特別股轉讓之限制。

(八)特別股權利、義務之其他事項。

前項第四款複數表決權特別股股東，於監察人選舉，與普通股股東之表決權同。（公§157 II）

下列特別股，於公開發行股票之公司，不適用之：（公§157 III）

(一)第一項第四款、第五款及第七款之特別股。

(二)得轉換成複數普通股之特別股。

蓋股東有所謂企業股東、投資股東、投機股東三者之分。投資股東取得股票，目的只在投入資本，賺取股息紅利等，故其所關心者，唯股息紅利之多寡，對於股東表決權之有無，並不介意，公司發給股息紅利或其他權利，有高度定額或定率之優先股份，即更滿足此類股東之希望，而毋庸給予表決權，以使公司經營可趨簡易，此乃股份有限公司特色之一，即「企業所有與企業

高鐵與政府出資

高鐵資金缺口如黑洞般不斷擴大，從最初的零出資，到後來原使五大股東不再願意賠本，政府如同被綁架般地想盡辦法填補資金缺口，當初BOT的理念已經不復存在。

財政部於91年修正「商業銀行投資有價證券之種類及限額規定」，讓臺銀等8家公營行庫認購沒有投票權的高鐵特別股，雖然辯稱投資高鐵是基於高鐵特別股股息5%高於市場利率所為之商業考量。但是從沒有投票權的角度考量，以及事後又降低利息，當初的決策難免讓人有一種政策傻蛋的遺憾。

104年，雖營運已上軌道，獲利頗豐，但因為負債累累而有破產之疑慮。

經營分離」之典型表現。再就實際利害關係言之，公司法第159條第1項既規定「公司已發行特別股者，其章程之變更，如有損害特別股股東之權利時，除……外，並應經特別股股東會之決議」，則特別股股東依章程之訂定，於普通股東會無表決權，要無重大實害之可言。

公司發行之特別股，得收回之。但不得損害特別股股東按照章程應有之權利。（公§158）

公司已發行特別股者，其章程之變更如有損害特別股股東之權利時，除應有代表己發行股份總數三分之二以上股東出席之股東會，以出席股東表決權過半數之決議為之外，並應經特別股股東會之決議。（公§159Ⅰ）

公開發行股票之公司，出席股東之股份總數不足前項定額者，得以有代表己發行股份總數過半數股東之出席，出席股東表

決權三分之二以上之同意行之，並應經特別股股東會之決議。（公§159 II）前二項出席股東股份總數及表決權數，章程有較高之規定者，從其規定。（公§159 III）為使規模較大公開發行股票之公司遇有特別議案時，股東會易於召開，在不違反多數決議之原則下，增訂第2項及第3項，以緩和股東收購委託書之壓力，及保障大眾投資者權益。特別股股東會準用關於股東會之規定。（公§159 IV）

九 股份之共有

　　股份為數人共有者，其共有人應推定1人行使股東之權利。（公§160 I）股份共有人，對於公司負連帶繳納股款之義務。（公§160 II）

十 股份之形式

　　發行股票之公司印製股票者，股票應編號，載明下列事項，由代表公司之董事簽名或蓋章，並經依法得擔任股票發行簽證人之銀行簽證後發行之：（公§162 I）

　（一）公司名稱。

　（二）設立登記或發行新股變更登記之年、月、日。

　（三）採行票面金額者，股份總數及每股金額；採行無票面金額股者，股份總數。

　（四）本次發行股數。

　（五）發起人股票應標明發起人股票之字樣。

　（六）特別股票應標明其特別種類之字樣。

　（七）股票發行之年、月、日。

　　股票應用股東姓名，其為同一人所有者，應記載同一姓名；股票為政府或法人所有者，應記載政府或法人之名稱，不得另立戶名或僅載代表人姓名。（公§162 II）公司法第162條第1項股票之簽證規則，由中央主管機關定之。但公開發行股票之公司，證券主管機關另有規定者，不適用之。（公§162 III）

🔟 股份自由轉讓原則

公司股份之轉讓，除本法另有規定外，不得以章程禁止或限制之。但非於公司設立登記後，不得轉讓。（公§163）本條規定之本文，即為「股份自由轉讓原則」之規定。

🔢 股票轉讓之方式

股票由股票持有人以背書轉讓之，並應將受讓人之姓名或名稱記載於股票。（公§164）

🔢 股票轉讓之效力

股份之轉讓，非將受讓人之姓名或名稱及住所或居所，記載於公司股東名簿，不得以其轉讓對抗公司。（公§165 Ⅰ）

相關考題	股份自由轉讓原則

有關股份之轉讓，下列敘述何者錯誤？　(A)公司股份之轉讓，不得以章程禁止或限制之。但非於公司設立登記後，不得轉讓　(B)發起人之股份非於公司設立登記1年後，不得轉讓　(C)公司股份之轉讓，不得以契約禁止或限制之。但非於公司設立登記後，不得轉讓　(D)公開發行股票之公司董事在任期中轉讓超過選任當時所持有之公司股份數額二分之一時，其董事當然解任　【100地方特考五等-法學大意】	(C)

🔢 閉鎖期間

前項股東名簿記載之變更，於股東常會開會前30日內，股東臨時會開會前15日內，或公司決定分派股息及紅利或其他利益之基準日前5日內，不得為之。（公§165 Ⅱ）

公開發行股票之公司辦理第1項股東名簿記載之變更，於股東常會開會前60日內，股東臨時會開會前30日內，不得為之。（公§165 Ⅲ）建立委託書徵求資訊之公開制度，由公司隨同開會

董監改選行情

　　董監改選行情，重點在於股東名簿確定。一般上市櫃公司之股東名簿確定時間，依據前開公司法第165條第3項規定「於股東常會開會前60日內」，不得為股東名簿之變動。所以，60日就是關鍵日。蓋因，上市櫃公司股票每天都在買賣，所以股東名簿每天都在變更，到時候連開會通知要寄給誰都不知道。所以確定的那天，除了讓公司知道該寄開會通知給哪一位股東，也代表著誰擁有董監事改選的投票權。

　　當股東名簿還沒有確定前，想要介入或繼續掌握公司經營權者，就會拼命買股票。可是當股東名簿已經確定，就沒必要買入股票，甚至於會開始賣股票，以換取資金在手中，這時候股東名簿確定的時間點，就是董監改選行情股票的股價轉折點。

通知附寄委託書徵求資料予股東，俾股東得有完整資訊，以評估是否授予徵求人委託書。惟因公司如配合停止過戶日規定作業，則因日期過短，勢所不能。基於實務作業考量及管理必要性，增訂第3項。

　　公司法第2、3項期間，自開會日或基準日起算。（公§165Ⅳ）為便利公司股務作業處理，第3項期間之起算應自開會日或基準日起算，增訂第4項。

相關考題

股份之轉讓，必須將受讓人之姓名及住所記載於股東名簿，一般稱為：(A)交割 (B)背書 (C)過戶 (D)註記　【96普考-法學知識與英文】	(C)
有關股份有限公司資本與股份之敘述，下列何者錯誤？　(A)公司資本達一定數額時，應強制公開發行該公司股份　(B)公司得發行特別股　(C)公司得發行無記名股票　(D)公司資本之股份總數，得分次發行　【100地方特考五等經建行政-法學大意】	(A)

股東名簿記載之變更

公司類型		閉鎖期間
股份有限公司	股東常會	30日
	股東臨時會	15日
公開發行股票之公司	股東常會	60日
	股東臨時會	30日

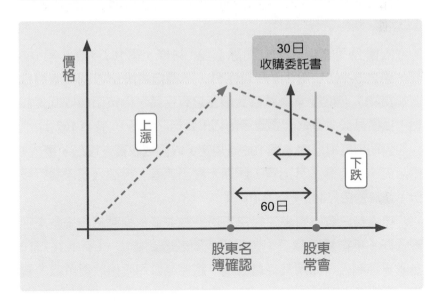

相關考題

股份有限公司在股東常會開會前30日內,不得辦理股東名簿記載之變更,該期間稱為「閉鎖期間」。 請問股東在閉鎖期間內將其記名股票轉賣給他人,該買賣行為之效力為何? (A)無效 (B)有效 (C)得撤銷 (D)效力未定 【106司特三等-法學知識與英文】	(B)

📗 股份回籠禁止原則

(一)概念

如果股份又回到公司的手中，代表著公司必須以一定之資金來取得這些股份，也代表著公司避免未來風險發生之資金減少，有違「資本維持原則」，及公司不得為自己股東、避免董事藉機炒作股票等因素。所以除非有特定例外情況，否則公司不得將股份收回、收買或收為質物。

(二)股份回籠之處理程序

依據公司法規定，公司除依第158條、第167-1條、第186條、第235-1條及第317條規定外，不得自將股份收回、收買或收為質物。但於股東清算或受破產之宣告時，得按市價收回其股份，抵償其於清算或破產宣告前結欠公司之債務。（公§167Ⅰ）

公司依前項但書、第186條規定，收回或收買之股份，應於6個月內，按市價將其出售，屆期未經出售者，視為公司未發行股份，並為變更登記。（公§167Ⅱ）

被持有已發行有表決權之股份總數或資本總額超過半數之從屬公司，不得將控制公司之股份收買或收為質物。（公§167Ⅲ）為避免控制公司利用其從屬公司，將控制公司股份收買或收為質物，可能滋生弊端。

前項控制公司及其從屬公司直接或間接持有他公司已發行有表決權之股份總數或資本總額合計超過半數者，他公司亦不得將控制公司及其從屬公司之股份收買或收為質物。（公§167Ⅳ）為求周延，控制公司及其從屬公司再轉投資之其他公司，亦受規範。

公司負責人違反前四項規定，將股份收回、收買或收為質

物，或抬高價格抵償債務或抑低價格出售時，應負賠償責任。（公§167 V）

(三)股份回籠禁止原則之例外

相關條文	股份回籠禁止原則之例外情形
公§158	特別股收回
公§167 I 但書	股東清算或受破產之宣告時，得按市價收回其股份，抵償其於清算或破產宣告前結欠公司之債務
公§167-1	庫藏股買回
公§186	重大營運事項反對股東之股份收買
公§317	分割合併異議股份之買回

六 庫藏股之買回

　　庫藏股買回之目的甚多，例如員工庫藏股、可轉換公司債之轉換、維持公司股價，例如宏碁歷經嚴重的營運危機，在民國100年間股價從百元跌到30元左右，就實施多次庫藏股以維繫股價。

　　公司除法律另有規定者外，得經董事會以董事三分之二以上之出席及出席董事過半數同意之決議，於不超過該公司已發行股份總數百分之五之範圍內，收買其股份；收買股份之總金額，不得逾保留盈餘加已實現之資本公積之金額。（公§167-1 I）依據本項規定，公司得以未分配之累積盈餘收買一定比例之股份為庫藏股，用以激勵優秀員工，使其經由取得股份，對公司產生向心力。

　　公司依據公司法第167-1條第1項規定所收買之股份，應於3年內轉讓於員工，屆期未轉讓者，視為公司未發行股份，並為變更登記。（公§167-1 II）公司依第1項規定收買之股份，不得享有

股東權利。（公§167-1Ⅲ）第2、3項明定公司收買之股份應於3年內轉讓於員工，且不得享有股東權利，以資明確。

　　章程得訂明第2項轉讓之對象包括符合一定條件之控制或從屬公司員工。(公§167-1Ⅳ) 實務上，企業基於經營管理之需，常設立研發、生產或行銷等各種功能之從屬公司，且大型集團企業對集團內各該公司員工所採取之內部規範與獎勵，多一視同仁，因此，為利企業留才，賦予企業運用員工獎酬制度之彈性，故參酌外國實務做法，讓公司得於章程訂明員工庫藏股之實施對象，包含符合一定條件之控制公司或從屬公司員工，以保障流通性及符合實務需要。

员 員工認股權憑證

　　公司除法律或章程另有規定者外，得經董事會以董事三分之二以上之出席及出席董事過半數同意之決議，與員工簽訂認股權契約，約定於一定期間內，員工得依約定價格認購特定數量之公司股份，訂約後由公司發給員工認股權憑證。（公§167-2Ⅰ）本項規定是參考國外公司針對員工發行員工認股權的規定。

　　員工取得認股權憑證，不得轉讓。但因繼承者，不在此限。（公§167-2Ⅱ）由於員工認股權憑證是基於該員工對公司之貢獻，如果可以轉讓，則有可能員工取得認股權憑證後馬上轉手他人，不再有為公司努力之動機，因此明定第2項規定。章程得訂明第1項員工認股權憑證發給對象包括符合一定條件之控制或從屬公司員工。（公§167-2Ⅲ）

大 維持股價之買回庫藏股

　　比較常見買回庫藏股的原因，除了為員工認股權憑證外，就是為了維持股價。例如宏碁在100年辭退了總經理蘭奇，再加上

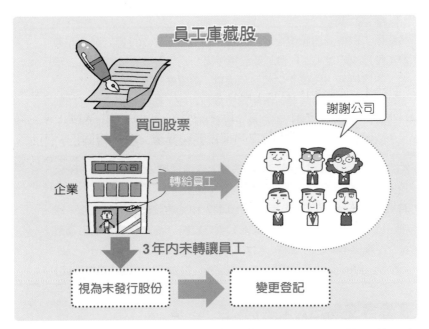

不敵平板電腦之風潮，營收大幅度滑落，股價一蹶不振，於是宏碁宣告實施庫藏股，也暫時穩住了股價的跌勢。畢竟買回股票數量比例相當高，不但降低市場上流通的股票數量，在投資人心理層面上也會有預期不續跌的作用，有時候內部消息提早外洩，在正式對外宣告的前幾天，股票可能就已經上漲一波了。

實務案例 慶騰公司炒作股價案

　　上櫃慶騰公司(4534)所屬慶璉集團因內部預期營收大增，王姓創辦人等內部人士於2016年6月2日公開重大消息前買進股票，重大消息公開後出脫獲利，套利4,198萬9,000元，此外尚有操縱股價、財報不實等罪嫌。

　　因為之前發現這一檔有發行可轉債，然後有業績灌入，最後再於高檔反轉之際實施庫藏股，曾經是我在大學講授商事法的教材。

有關員工取得公司股份之敘述，下列何者正確？ (A)員工與公司簽訂認股權契約後，公司發給認股權憑證，公司得限制該憑證於 2 年內，不得轉讓 (B)員工之新股承購權，得單獨轉讓 (C)公開發行公司經股東會特別決議發行限制員工權利新股，員工不得低於面額取得該股份 (D)公司發行限制員工權利新股，得限制於一定期間內，不得轉讓 【106高考-法學知識與英文】	(D)
A 公司持有 B 公司已發行有表決權之股份總數 60% 之股份，B 公司持有 C 公司已發行有表決權之股份總數 40% 之股份，A 公司持有 C 公司已發行有表決權之股份總數 15% 之股份。下列敘述，何者正確？ (A)B 公司不得收買 A 公司之股份 (B)C 公司得自由收買 A 公司股份不受任何限制 (C)C 公司得自由收買 B 公司股份不受任何限制 (D)A 公司不得收買 B 公司股份 【106四等警察-法學知識】	(A)

🈩 證券交易法之特別規定

證券交易法第28-2條規定：

Ⅰ. 股票已在證券交易所上市或於證券商營業處所買賣之公司，有左列情事之一者，得經董事會三分之二以上董事之出席及出席董事超過二分之一同意，於有價證券集中交易市場或證券商營業處所或依第43-1條第2項規定買回其股份，不受公司法第167條第1項規定之限制：

一、轉讓股份予員工。

二、配合附認股權公司債、附認股權特別股、可轉換公司債、可轉換特別股或認股權憑證之發行，作為股權轉換之用。

三、為維護公司信用及股東權益所必要而買回，並辦理銷除股份者。

Ⅱ. 前項公司買回股份之數量比例，不得超過該公司已發行股份總數百分之十；收買股份之總金額，不得逾保留盈餘加發行股份溢價及已實現之資本公積之金額。

實施庫藏股的異常報酬

實施庫藏股的股票，多出了公司的買盤，會不會讓股價漲很高呢？許多研究指出，確實會產生異常的報酬。經過筆者將歷史資料進行實證分析：

一、針對實施庫藏股的目的是「維護公司信用或股東權益」

二、篩選掉執行率偏低（說要買一萬張，但買不到三成者）

三、每股盈餘（EPS）＞ 0

四、近三季自由現金流＞ 0

公布消息後，分別計算3個月、6個月後股價上漲，會遠遠超過大盤。

Ⅲ. 公司依第1項規定買回其股份之程序、價格、數量、方式、轉讓方法及應申報公告事項，由主管機關定之。

Ⅳ. 公司依第1項規定買回之股份，除第3款部分應於買回之日起6個月內辦理變更登記外，應於買回之日起5年內將其轉讓；逾期未轉讓者，視為公司未發行股份，並應辦理變更登記。

Ⅴ. 公司依第1項規定買回之股份，不得質押；於未轉讓前，不得享有股東權利。

Ⅵ. 公司於有價證券集中交易市場或證券商營業處所買回其股份者，該公司其依公司法第369-1條規定之關係企業或董事、監察人、經理人之本人及其配偶、未成年子女或利用他人名義所持有之股份，於該公司買回之期間內不得賣出。

Ⅶ. 第1項董事會之決議及執行情形，應於最近一次之股東會報告；其因故未買回股份者，亦同。

Ⅷ. 第6項所規定不得賣出之人所持有之股份，包括其配偶、未成年子女及利用他人名義持有者。

股份有限公司依董事會決議買回自己之股份，通稱為「庫藏股」。請問被公司買回之股份，其表決權應由何人行使？ (A)公司 (B)原股東 (C)董事會 (D)不得行使【99地方特考四等 - 法學知識與英文】	(D)
股份有限公司經董事會特別決議後，得與員工簽訂認股權契約，公司發給員工認股權憑證。請問，員工除繼承外，得否轉讓此一認股權憑證？ (A)可以，蓋基於股份自由轉讓原則，不得限制之 (B)可以，蓋員工係支付對價取得員工認股權憑證，自不得限制其轉讓 (C)不可以，蓋為使員工持有公司股份，增加員工向心力 (D)不可以，蓋為保護投資人，自不得任由員工轉讓權利義務不明確之認股權憑證 【99地方特考三等 - 法學知識與英文】	(C)

廿 減資

(一)減資之種類

減資的程序，一般有兩種，其一為盈餘減資，如中華電信；其二為虧損減資，如華映減資。

減資，除了公司法中有關於減資的程序之外，從股票投資的角度，兩種減資的模式，對於股票投資者而言，有著不同的結果。簡單來說，盈餘減資代表著這家公司賺錢太多，手頭上的現金從口袋滿出來了，所以必須要退錢給股東；至於虧損減資，當然是因為虧損過於嚴重，負債過多的結果，對於公司的營運產生影響。所以，減資是很重要的一項公司法的議題，以下以中華電信與華映減資案，分別介紹盈餘減資與虧損減資的概念。

(二)盈餘減資

一般說來，如果是一家賺錢的公司，年度有盈餘，通常會把賺來的錢配發股息給股東，如果要保留資金在公司，就會以配股

的方式，以支付未來營運所需要的資金。但是透過配股的方式，卻會造成股本膨脹，也稀釋了每股分配的盈餘。但是如果這些錢再投資得當，會讓公司賺更多的錢，即使股本再大，也不會影響每股可分配的盈餘，如台積電股本相當大，但是股價依舊維持高檔的公司。

　　如果錢多到沒有地方投資，或者是暫時沒有新的產業值得投資，這些資金留在手中成為過剩的資金，雖然可以放在銀行孳息，但在利息過低的情況下，會拖累資產報酬率，所以或許透過減資，可以將錢發還給股東，不但可以縮小股本，提高股價，更能讓股東取回資金找到更好的投資標的。

實務案例 **中華電信減資案**

　　中華電信在減資前停止買賣日（2011年6月1日）的股價為73.1。假若這時持有一張的中華電股價，減資前的價值是73,100元。每一股減資2元，所以參與減資者每張會發還2,000元現金。那麼減資後新的除權後股價X，也必須符合下面的恆等式：

$$73.1 \times 1000 = 2 \times 1000 + X \times 800$$

　　等號左邊是減資前的價值，每一股73.1元，總共有1,000股。等號右邊是減資後的價值，2,000元為減資退回的現金，800是減資後股數，X代表重新交易日的開盤價格。

　　所以，減資後的價格如下圖所示：

$$X = (73100 - 2000) / 800 = 88.9$$

(三)彌補虧損之減資

當公司常年虧損、每股淨值都已經掉到10元以下了，保留盈餘的會計科目也都是紅字一籮筐，可是股本卻是不動如山。這時若要增資，新的投資者必然不願意用每股10元來增資。

畢竟資本額那麼大，同樣的資金分配到的股權比例不高，當然就沒有吸引力，所以透過減資的方式，讓資本額的大餅變小，新的資金再行投入，當然就可以占有比較大的資本額比例，也就可以提高投資者的投資意願。

公司為彌補虧損，於會計年度終了前，有減少資本及增加資本之必要者，董事會應將財務報表及虧損撥補之議案，於股東會開會30日前交監察人查核後，提請股東會決議。（公§168-1Ⅰ）股份有限公司為改善財務結構，以減資彌補虧損，引進新資金，同時辦理時，可就當年度期中虧損彌補之，以利企業運作。

公司法第229條至第231條之規定（編造表冊、監察人報告書等），於依公司法第168-1條第1項規定提請股東臨時會決議時，準用之。（公§168-1Ⅱ）本項明定提請股東會決議者，包括股東臨時會，其董事會應造具表冊之規範事項準用第229條至第231條有關股東常會之規定。

盈餘減資

現金實在太多了，沒地方投資，只好辦理減資，把錢退還給股東。

虧損減資

虧損連連，資本額大，無法吸引人投資，只好辦理減資，降低資本。

實務見解　華映減資案

資本額高達1千6百餘億元的華映，為改善財務結構，辦理減資998.89億元，減資比例約60.59%，創上市櫃公司減資金額最高紀錄。減資有所謂的「現金減資」及「彌補虧損減資」兩種，不論是哪一種減資，其實手上股票的市值在減資前後都是一樣的，沒有變化。

在股價影響方面，現金減資的價格計算公式如下。以A公司為例，減資前股價為100元，預計每股退還1元，減資前資本額為10億元，減資後資本額為9億元，所以減資後的股價按公式計算為110元。對於當初以100元買進1,000股的投資人來說，手上1,000股股票變成900股，乘以股價110元，加上收到的減資金額1,000元，資產價值完全沒變。

> 減資後的股價＝
> （減資前最後交易日收盤價－每股退還金額）／
> （減資後資本額／原資本額）

彌補虧損減資公式也是一樣，只是變成沒有退還股東現金，而是拿資本公積及股本這兩個科目來打消累積虧損。以B公司為例，減資前股價為8元，資本額為10億元，預計減資50%來打消累積虧損。根據上述公式，減資後資本額變成5億元，股價變呈16元，對於當初以8元買進1,000股的投資人來說，手上1,000股股票變成500股，股價變16元，資產價值完全沒變。

🔢 減資之程序

(一)原則比例減少

公司非依股東會決議減少資本,不得銷除其股份;減少資本,應依股東所持股份比例減少之。但本法或其他法律另有規定者,不在此限。(公§168 I)

減資股東、債權人及第三人之權益甚鉅,所以公司不得未經股東會決議即逕行減少資本。又本法規定之減資如第167條,或其他法律另有規定者,應予以排除,爰增訂但書。(公司法第167條第1項本文規定:「公司除依第158條、第167-1條、第186條及第317條規定外,不得自將股份收回、收買或收為質物。」)

總之,減資是公司決策的重大決定,不但影響股東權益,對於公司的債權人或其他第三人也影響甚鉅,必須經由股東會的決議始得為之,不能由董事會恣意決定之。

公司減少資本,得以現金以外財產退還股款;其退還之財產及抵充之數額,應經股東會決議,並經該收受財產股東之同意。(公§168 II)

前項財產之價值及抵充之數額,董事會應於股東會前,送交會計師查核簽證。(公§168 III)

(二)違法銷除股本之責任

公司負責人違反前三項規定銷除股份者,各處新臺幣2萬元以上10萬元以下罰鍰。(公§168 IV)

按公司銷除股份,須申請減資變更登記,因此,公司登記主管機關受理時,發現有違反第1～3項規定,除了不得准其銷除股份之登記外,還要再改處行政罰,以維護公司股東、債權人及第三人之權益。

> **減資，退還股款**
>
> 　　在股息必須要繳稅的前提下，近期政府又推動了許多措施，像是可扣抵稅率減半、健保補充費、長照補充費，都拿股票投資人開刀。因此，透過減資的方式退還股款，並不是「所得」的概念來取代股息發放，就可以少繳許多稅。公司方面，假設獲利不變，因為減資導致股本變小，未來的每股盈餘（EPS）的數字將會變得更漂亮，可謂一舉數得。

股東名簿應記載事項

　　股東名簿應編號記載下列事項：（公§169Ⅰ）

㈠各股東之姓名或名稱、住所或居所。

㈡各股東之股數；發行股票者，其股票號數。

㈢發給股票之年、月、日。

㈣發行特別股者，並應註明特別種類字樣。

　　採電腦作業或機器處理者，前項資料得以附表補充之。（公§169Ⅱ）

　　凡是登記在股東名簿上的股東，都推定其為公司真正的股東，公司也可以依據股東名簿所載的地址，向股東為各種通知或催告的行為，而能發生通知或催告的效力。

3 股東會

一 股東會之種類

股東會分下列二種：（公§170Ⅰ）

㈠股東常會，每年至少召集一次。

㈡股東臨時會，於必要時召集之。

前項股東常會應於每會計年度終了後6個月內召開。但有正當事由經報請主管機關核准者，不在此限。（公§170Ⅱ）代表公司之董事違反前項召開期限之規定者，處新臺幣1萬元以上5萬元以下罰鍰。（公§170Ⅲ）

二 股東會之召集與表決

股東會除本法另有規定外，由董事會召集之。（公§171）

股東會之決議，除本法另有規定外，應有代表已發行股份總數過半數股東之出席，以出席股東表決權過半數之同意行之。（公§174）

三 股東會決議之撤銷

股東會之召集程序或其決議方法，違反法令或章程時，股東得自決議之日起30日內，訴請法院撤銷其決議。（公§189）法院對於前條撤銷決議之訴，認為其違反之事實非屬重大且於決議無影響者，得駁回其請求。（公§189-1）

股東會之流程

召集之決定
股東會除本法另有規定外,由董事會召集之。(公§171)

股東會名簿確定與開會通知書
公司應依確定的股東名簿名單(公§165),於法律規定之一定期間內,寄發開會通知書予名單上之股東。(公§172)

會議程序
股東會會議程序,可參酌公司法第172-1至182-1條規定。

決議
股東會之決議,有普通決議(公§174)與特別決議。

議事錄的備置
股東會之議決事項,應作成議事錄,由主席簽名或蓋章,並於會後20日內,將議事錄分發各股東。(公§183Ⅰ)

股份有限公司之股東，依公司法第189條規定訴請撤銷股東會之決議，仍應受民法第56條第1項但書之限制，如已出席股東會而其對於股東會之召集程序或決議方法未當場表示異議者，不得為之。（75台上594判決）換言之，如果沒有當場對於程序表達異議，即使此一程序確實有所問題，但這些股東既然繼續參與股東會程序之進行，為了股東會程序與決議之穩定性，這些未當場表達意見之股東，事後就不能訴請撤銷股東會之決議。

相關條文

　　民法第56條第1項但書之規定：「但出席社員，對召集程序或決議方法，未當場表示異議者，不在此限。」

　　決議事項已為登記者，經法院為撤銷決議之判決確定後，主管機關經法院之通知或利害關係人之申請時，應撤銷其登記。（公§190）按法院受理前條撤銷決議之訴，如發現股東會召集程序或決議方法違反法令或章程之事實，非屬重大且於決議無影響，特增訂法院得駁回其請求，以兼顧大多數股東之權益。

　　股東會決議之內容，違反法令或章程者無效。（公§191）

實務見解　焦仁和遭解任案

　　海基會前副董事長焦仁和擔任華達國際海運公司董事長時，公司監察人以副董事長涉及相關弊案，為公司利益召開股東臨時會，決議撤銷焦仁和董事長資格。焦仁和不服，向士林地方法院提起撤銷股東會決議之訴，但法院認為監察人召開股東臨時會有理由，亦判決焦某敗訴。

相關考題

以下關於股份有限公司股東會之敘述何者錯誤？ (A)公司召開股東會前，必須依照公司法規定的期限對股東寄發開會通知 (B)為保護股東知的權利，公司法規定某些重大事項，例如選任或解任董事、監察人，或變更章程、公司合併等事項，必須在開會通知之召集事由中列舉，不得以臨時動議提出 (C)倘公司未依規定寄發股東會開會通知而召開股東會作成決議時，該決議無效 (D)為使股東會得以順利召開，公司法規定倘股東無法親自出席時，得出具委託書由他人代為出席 【99三等身障特考－法學知識】	(C)
下列何者不是股東的權利？ (A)出席股東會之表決權 (B)選舉董事長 (C)請求分派股息 (D)認購公司新股 【97基層警察－法學緒論】	(B)
有關股份有限公司股份表決權之敘述，下列何者錯誤？ (A)公司各股東，除有法律特別規定，每股有一表決權 (B)被持有已發行有表決權之股份總數超過半數之從屬公司，所持有控制公司之股份，其股份無表決權 (C)股東對於會議之事項，有自身利害關係致有害於公司利益之虞者，不得加入表決，亦不得代理他股東行使表決權 (D)公司依法持有自己之股份，其股份有表決權 【100地方特考五等經建行政－法學大意】	(D)
有關股份有限公司股東會召集之敘述，下列何者錯誤？ (A)股東常會每年至少召集一次 (B)監察人認為有必要時得召集股東會 (C)董事長認為有必要時得召集股東會 (D)股東臨時會於必要時得召集之 【100地方特考五等－法學大意】	(C)

解析：

(A)公司法第170條第1項第1款規定：「股東常會，每年至少召集一次。」

(B)公司法第220條規定：「監察人除董事會不為召集或不能召集股東會外，得為公司利益，於必要時，召集股東會。」

(C)公司法第171條規定：「股東會除本法另有規定外，由董事會召集之。」

(D)公司法第170條第1項第1款規定：「股東臨時會，於必要時召集之。」

四 股東會之通知

㈠召集之日期

股東常會之召集，應於20日前通知各股東。（公§172Ⅰ）

股東臨時會之召集，應於10日前通知各股東。（公§172Ⅱ）

公開發行股票之公司股東常會之召集，應於30日前通知各股東；股東臨時會之召集，應於15日前通知各股東。（公§172Ⅲ）

㈡得以電子方式通知

通知應載明召集事由；其通知經相對人同意者，得以電子方式為之。（公§172Ⅳ）為因應電子科技之進步，節省現行公司以書面進行通知事務之成本，股東會召集之通知，得依電子簽章法規定，經相對人同意，以電子方式為之，爰修正之。

㈢違反股東會通知之處罰

代表公司之董事，違反第1項至第3項或前項規定者，處新臺幣1萬元以上5萬元以下罰鍰。但公開發行股票之公司，由證券主管機關處代表公司之董事新臺幣24萬元以上240萬元以下罰鍰。（公§172Ⅵ）

股東會之通知

公司類型		持有記名股票股東	持有無記名股票股東
股份有限公司	股東常會	20日	30日
	股東臨時會	10日	15日
公開發行股票之公司	股東常會	30日	45日
	股東臨時會	15日	30日

(四) 通知以股東名簿之確定為前提

股東名簿記載之變更，在閉鎖期間內不得為之。

股東名簿記載之變更，業已於前介紹。於股東常會開會前30日內，股東臨時會開會前15日內，或公司決定分派股息及紅利或其他利益之基準日前5日內，不得為之。（公§165Ⅱ）公開發行股票之公司辦理公司法第165條第1項股東名簿記載之變更，於股東常會開會前60日內，股東臨時會開會前30日內，不得為之。（公§165Ⅲ）

公司進入閉鎖期間後，股東名簿才會確定，也才知道哪些人是公司的股東，才能據此寄發股東會之通知給股東。（請參考本書第109頁「閉鎖期間」；第123頁「股東名簿應記載事項」）

如果當年度有改選董監事，在收到通知之後，很多投資人會將委託書授權，換取一些米、油、衛生紙等日用品，這個階段即屬於「收購委託書」階段，當董監事選舉競爭愈激烈的時候，收購的禮品就愈好；如果沒有改選行情，通常就是一包衛生紙、一罐油品，甚至什麼都沒有。

五 股東會議案之提出

(一)少數股東之提案

持有已發行股份總數百分之一以上股份之股東，得向公司提出股東常會議案。但以一項為限，提案超過一項者，均不列入議案。（公§172-1 I）

鑑於現代公司法架構下，公司之經營權及決策權多賦予董事會，為使股東得積極參與公司之經營，爰賦予股東提案權；又為避免提案過於浮濫，於本項但書明定股東所提議案，以一項為限。若提二項以上議案者，所提全部議案均不列入議案。

(二)提案程序之公告

公司應於股東常會召開前之停止股票過戶日前，公告受理股東之提案、書面或電子受理方式、受理處所及受理期間；其受理期間不得少於10日。（公§172-1 II）

(三)提案之字數限制

股東所提議案以300字為限；提案股東應親自或委託他人出席股東常會，並參與該項議案討論。（公§172-1 III）

(四)得不列為議案之情形

除有下列情事之一，股東所提議案，董事會應列為議案：（公§172-1 IV）

(一)該議案非股東會所得決議者。

(二)提案股東於公司依第165條第2項或第3項停止股票過戶時，持股未達百分之一者。

㈢該議案於公告受理期間外提出者。

㈣該議案超過300字或第一項但書超過一項之情事。

公司應於股東會召集通知日前，將處理結果通知提案股東，並將合於本條規定之議案列於開會通知。對於未列入議案之股東提案，董事會應於股東會說明未列入之理由。（公§172-1 Ⅵ）公司收到股東提出之議案後，應於股東會召集通知日前，將處理結果通知提案股東，並應將符合規定之議案，列印於開會通知，爰為本項規定。

公司負責人違反第2項（公告）、第4項或前項規定（通知）者，處新臺幣1萬元以上5萬元以下罰鍰。但公開發行股票之公司，由證券主管機關各處公司負責人新臺幣24萬元以上240萬元以下罰鍰。（公§172-1 Ⅶ）

㈤不得以臨時動議提出之提案

選任或解任董事、監察人、變更章程、減資、申請停止公開發行、董事競業許可、盈餘轉增資、公積轉增資、公司解散、合併、分割或第185條第1項各款之事項，應在召集事由中列舉並說明其主要內容，不得以臨時動議提出；其主要內容得置於證券主管機關或公司指定之網站，並應將其網址載明於通知。（公§172 Ⅴ）

第201條之補選董事與本條之改選董事，性質相同，均應在召集事由中列舉，不得以臨時動議提出；又解任董監與選任董監，同屬董監身分之變動，應等同看待，亦應在召集事由中列舉，不得以臨時動議提出。

㈥ 股東臨時會之召開

繼續1年以上，持有已發行股份總數百分之三以上股份之股東，得以書面記明提議事項及理由，請求董事會召集股東臨時會。（公§173Ⅰ）本條規定即「少數股東權」實質內容之一。董事因股份轉讓或其他理由，致董事會不為召集或不能召集股東會時，得由持有已發行股份總數百分之三以上股份之股東，報經主管機關許可，自行召集。

依據公司法第173條第1項規定，請求召開股東臨時會提出後15日內，董事會不為召集之通知時，股東得報經主管機關許可，自行召集。（公§173Ⅱ）常見董事會故意置之不理，蓋因臨時會亦得改選董監事，如果召開後，可能董監事地位不保。

依據公司法第173條第1、2項規定規定召集之股東臨時會，為調查公司業務及財產狀況，得選任檢查人。（公§173Ⅲ）

董事因股份轉讓或其他理由，致董事會不為召集或不能召集股東會時，得由持有已發行股份總數百分之三以上股份之股東，報經主管機關許可，自行召集。（公§173Ⅳ）

相關考題

依公司法規定，下列何項議案得於開股東會時以臨時動議提出？ (A)變更公司章程　(B)解除董事競業禁止　(C)改選監察人　(D)公司合併案　　　　　　　　　　【98高考三級 - 法學知識與英文】	(B)
下列何者非股東提案權行使的限制？　(A)股東提案以一項為限　(B)股東所提議案不得超過300字　(C)股東持股須達已發行股份總數百分之一以上　(D)股東提案後應親自出席股東會，不得委託他人代理出席　　　　　　　　　　【100地方特考五等經建行政 - 法學大意】	(D)
以下何人沒有召集公司股東會之權利？　(A)董事會　(B)監察人　(C)繼續1年以上，持有百分之三以上股份之股東　(D)經濟部　　　　　　　　　　　　　　　　　　【99 - 三等身障特考 - 法學知識】	(D)
下列有關少數股東權利之敘述，何者錯誤？　(A)少數股東除股東會之臨時動議外，並無提案權　(B)少數股東可以提出自己的董事候選人名單　(C)少數股東可以請求召集股東會　(D)少數股東得請求對董事提起訴訟　　　　　　　　　　【100關稅四等 - 法學知識】	(A)

實務案例 國票金董監事遭提案解任案

　　2010年5月間，國票金因大都會人壽合併案之決策，導致兩大股東撕破臉，當權派股東依據下列三步驟，先委由小股東提案，經董事會通過成為議案，於股東常會中提請表決，將「敵營派」董監事解任。

一、少數股東提案：持有已發行股份總數百分之一以上股份之股東，得以書面向公司提出股東常會議案。（公§172-1 I 本文）本案中，少數股東提案解任耐斯集團所屬之3位董事、2位監事。（後已撤回）

二、董事會通過。

三、股東常會中表決：董事得由股東會之決議，隨時解任。（公§199 I 前段）股東會為前項解任之決議，應有代表已發行股份總數三分之二以上股東之出席，以出席股東表決權過半數之同意行之。（公§199 II）公開發行股票之公司，出席股東之股份總數不足前項定額者，得以有代表已發行股份總數過半數股東之出席，出席股東表決權三分之二以上之同意行之。（公§199 III）因為國票金為上市櫃公司，屬公開發行股票之公司，所以解任董事要經過股東會之決議，且須依據公司法第199條第3項規定辦理。

實務案例 亞化公司股東會雙包案

亞化公司，現業已更名為萬洲公司（代號：1715）。

2009年6月29日，因董事長請辭，副董事長李光弘因病就診，董事余河德及董事葉斯鎮人均在國外，表示無法由董事會召集股東會，故原訂於6月29日舉辦之2009年度股東常會無法召開，改於12月21日召開。

一、股東會-1：眼見公司紛擾不斷，市場派股東富立鑫股份有限公司（代表人：蕭世光）、檀兆麟先生於11月30日召開股東臨時會，全面改選董監事。

二、股東會-2：監察人臺灣上鵬工廠（股）公司代表人毛天賜原訂於2009年11月30日第二次股東臨時會，造成股東臨時會雙包案，後因故停止召集。公司派照預定時程舉行12月21日之股東會，並無改選董監事。公司派質疑鬧雙包的股東會召集股東，股份持有未達法定規定百分之三以上的股份最低要求。

炎洲集團最後順利入主亞化公司[註]，亞化原任董事長所提的訴願案也遭駁回。

註：〈炎洲入主亞化，創敵意購併先例〉，商業周刊，第1151期。

七 假決議

　　所謂假決議，是為了解決股份會出席人數不足的窘境，因為股份有限公司的股東人數眾多，往往只投資股票，但沒有興趣介入公司經營，因此很容易出席人數不足。

　　一般決議事項，也就是所謂的「普通決議」，需要股東出席過半數，以出席股東表決權過半數之同意行之（公§174）。門檻不高，通常一次就可以搞定，如果連普通決議所規定之過半數出席人數都無法達到，對於股權分散的公司，往往就造成經營上的困擾，也因此有假決議制度。

　　假決議的程序就比較麻煩，依據公司法規定，出席股東不足公司法第174條之定額（普通決議），而有代表已發行股份總數三分之一以上股東出席時，得以出席股東表決權過半數之同意，為假決議，並將假決議通知各股東，於1個月內再行召集股東會。（公§175 I）

　　前項股東會，對於假決議，如仍有已發行股份總數三分之一以上股東出席，並經出席股東表決權過半數之同意，視同前條之決議。（公§175 II）

　　股東得以書面契約約定共同行使股東表決權之方式，亦得成立股東表決權信託，由受託人依書面信託契約之約定行使其股東表決權。（公§175-1 I）

案例事實　假決議配息案

　　尼克森（3317）公司於99年1月1日召開股東會，因出席人數不過半，針對98年度盈餘分派案擬發放現金紅利共1元，只能做出假決議，並於1個月內再行召開股東會通過。

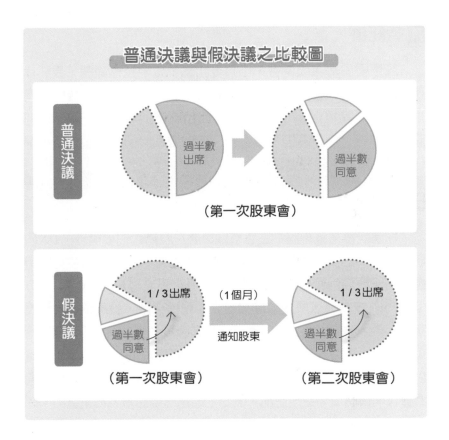

普通決議與假決議之比較圖

普通決議

過半數出席 → 過半數同意

（第一次股東會）

假決議

1／3出席
過半數同意
（第一次股東會）

（1個月）
通知股東

1／3出席
過半數同意
（第二次股東會）

相關考題

下列何一議案，得以股東會假決議之方式進行決議？ (A)決定董事報酬 (B)變更公司章程 (C)選任董事 (D)出租公司全部營業 【100關稅三等-法學知識】	(A)

八 委託書

　　股東得於每次股東會，出具委託書，載明授權範圍，委託代理人，出席股東會。但公開發行股票之公司，證券主管機關另有規定者，從其規定。（公§177Ⅰ）此即市場上收購委託書，以利股東會進行，更是董監事改選時，持有公司股份不足者，取得選任董監事股權之重要關鍵。

九 多數委託

　　除信託事業或經證券主管機關核准之股務代理機構外，1人同時受2人以上股東委託時，其代理之表決權不得超過已發行股份總數表決權之百分之三，超過時其超過之表決權，不予計算。（公§177Ⅱ）按為有效解決公開發行公司股權分散，股東眾多，致股東會召集困難之困擾，基於實務作業之考量，並為達成「公開發行公司出席股東會使用委託書規則」第16條爰規定，於90年修正第2項。所以，當收到股東常會通知書，如果不想出席，還是可以看看這次開會有沒有送紀念品，到指定地點以委託書兌換紀念品。

十 委託1人

　　1股東以出具1委託書，並以委託1人為限，應於股東會開會5日前送達公司，委託書有重複時，以最先送達者為準。但聲明撤銷前委託者，不在此限。（公§177Ⅲ）委託書送達公司後，股東欲親自出席股東會或欲以書面或電子方式行使表決權者，應於股東會開會2日前，以書面向公司為撤銷委託之通知；逾期撤銷者，以委託代理人出席行使之表決權為準。（公§177Ⅳ）為避免股務作業之不便與爭議，股東之委託書送達公司後，欲親自出席股會時，至遲應

於股東會開會前2日撤銷委託，不得於股東會召開當日撤銷委託，其逾期撤銷委託者，以委託代理人出席行使之表決權為準。

十一 不得以現金收購委託書

常見收購委託書的贈品，以日常用品居多，諸如香皂、米、醬油等，比較好一點的，像是碗盤組，甚至於還有看過咖啡機，端視是否有董監事改選行情，以及行情是否激烈加以判斷。但是，「公開發行公司出席股東會使用委託書規則」第11條禁止以金錢或其他利益為條件收購委託書，否則感覺好像是公職人員賄選的壞習慣也進入了股東會中。

🔟 股東會之表決

(一) 書面或電子方式

公司召開股東會時，採行書面或電子方式行使其表決權，其行使方法應載明於股東會召集通知。但公開發行股票之公司，符合證券主管機關依公司規模、股東人數與結構及其他必要情況所定之條件者，應將電子方式列為表決權行使方式之一。（公 §177-1 I）依原規定，股東出席股東會之方式，有親自出席及委託出席兩種。為鼓勵股東參與股東會之議決，公司得允許股東以書面或依電子簽章法規定之電子方式行使其表決權，惟公司應將書面或電子方式行使股東表決權之方法，載明於股東會召集通知，以資明確。

(二) 視為出席與視為棄權

公司法第177-1條第1項規定中，以書面或電子方式行使表決權之股東，視為親自出席股東會。但就該次股東會之臨時動議及原議案之修正，視為棄權。（公 §177-1 II）股東以書面或電子方式行使表決權時，究發生何種效力，宜予明定，故擬制其效力為親自出席股東會，以資明確。又以書面或電子方式行使表決權之股東，因未當場參與股東會，為使議事順利，明定該股東就該次股東會之臨時動議及原議案之修正，視為棄權。

(三) 書面或電子方式行使表決權之意思表示

股東以書面或電子方式行使表決權者，其意思表示應於股東會開會2日前送達公司，意思表示有重複時，以最先送達者為準。但聲明撤銷前意思表示者，不在此限。（公 §177-2 I）股東如以書面或依電子簽章法規定之電子方式行使股東表決權，宜明定其意思表示送達公司之時間，俾資明確。

電子方式投票示意圖

我利用自然人憑證就可以在電腦前投票了！

(四)改變心意，親自出席

　　股東以書面或電子方式行使表決權後，欲親自出席股東會者，至遲應於股東會開會2日前，以與行使表決權相同之方式撤銷前項行使表決權之意思表示；逾期撤銷者，以書面或電子方式行使之表決權為準。（公§177-2Ⅱ）股東以書面或電子方式行使股東表決權後，欲親自出席股東會者，宜於股東會開會前一定時間內為撤銷已行使表決權之意思表示，並明定逾期撤銷之效力，以避免股務作業之不便與爭議。

(五)書面或電子方式行使表決權及委託書，兩者同時為之

　　股東以書面或電子方式行使表決權，並以委託書委託代理人出席股東會者，以委託代理人出席行使之表決權為準。（公§177-2Ⅲ）股東以書面或電子方式行使表決權並以委託書委託代理人出席股東會時，以何者為準，宜予明定，鑒於股東已委託代理人出席，且亦可能涉及委託書徵求人徵得股數之計算，故以委託代理人出席行使之表決權為準。

🔢 股份表決權

公司各股東，除本法另有規定外，每股有一表決權。（公
§179 I）此即「股份平等原則」之規定。

有下列情形之一者，其股份無表決權：（公§179 II）

㈠公司依法持有自己之股份。

㈡被持有已發行有表決權之股份總數或資本總額超過半數之從
屬公司，所持有控制公司之股份。

㈢控制公司及其從屬公司直接或間接持有他公司已發行有表決
權之股份總數或資本總額合計超過半數之他公司，所持有控
制公司及其從屬公司之股份。

對於修法前已存在交叉持股情形，本法為避免影響層面太
大，並未強制其賣出，採取「只能賣，不能買」之彈性做法。鑒
於從屬公司就其對控制公司之持股，在控制公司之股東會中行使
表決權時，實際上與控制公司本身就自己之股份行使表決權無
異，此與公司治理之原則有所違背。是以，有限制其行使表決權
之必要，又控制公司及其從屬公司再轉投資之其他公司持有控制
公司及其從屬公司之股份，亦應納入規範。第2款及第3款股份表
決權受限制之情形，除因收買而持有者外，因合併、收購等事由
而持有之情形，亦包含在內。

🔢 利害關係迴避

股東對於會議之事項，有自身利害關係致有害於公司利益
之虞時，不得加入表決，並不得代理他股東行使其表決權。（公
§178）

🔢 股份數之計算

　　股東會之決議，對無表決權股東之股份數，不算入已發行股份之總數。（公§180Ⅰ）例如依據公司法第157條第3款規定，有些特別股沒有表決權（也有可能表決權的計算不同，例如1股有2表決權）外，還有像是前述公司法第179條第2項之情況，均屬無表決權之情況。

　　另外，股東會之決議，對依第178條規定（利害關係迴避）不得行使表決權之股份數，不算入已出席股東之表決權數。（公§180Ⅱ）若算入表決權數，卻又不能有表決權，則有可能很難達到表決通過的門檻。

🔢 政府或法人股東之表決權計算

　　政府或法人為股東時，其代表人不限於1人。但其表決權之行使，仍以其所持有之股份綜合計算。（公§181Ⅰ）

　　前項之代表人有2人以上時，其代表人行使表決權應共同為之。（公§185Ⅱ）政府或法人之代表人有2人以上時，如不限制其應共同行使股東權，實務上易滋紛擾，尤其各代表人所代表行使股權之計算，極為繁瑣，爰增訂第2項，規定行使表決權應共同為之，以免兩歧。

　　公開發行公司之股東係為他人持有股份時，股東得主張分別行使表決權。（公§181Ⅲ）前項分別行使表決權之資格條件、適用範圍、行使方式、作業程序及其他應遵行事項之辦法，由證券主管機關定之。（公§181Ⅳ）

七 股東會之召集權人與主席

(一)主席

股東會由董事會召集者,其主席依公司法第208條第3項(董事長為主席)規定辦理;由董事會以外之其他召集權人召集者,主席由該召集權人擔任之,召集權人有2人以上時,應互推1人擔任之。(公§182-1 I)按現行公司董事會以外所召集之股東會,其主席人選為何,常滋生疑義,為防杜紛爭,於第1項明定之。

所謂公司法第208條第3項規定:「董事長對內為股東會、董事會及常務董事會主席,對外代表公司。董事長請假或因故不能行使職權時,由副董事長代理之;無副董事長或副董事長亦請假或因故不能行使職權時,由董事長指定常務董事1人代理之;其未設常務董事者,指定董事1人代理之;董事長未指定代理人者,由常務董事或董事互推1人代理之。」所以,如果鴻海公司召開股東會,當主席的那一位就是郭台銘先生。

(二)恣意散會之處理

公司應訂定議事規則。股東會開會時,主席違反議事規則,宣布散會者,得以出席股東表決權過半數之同意推選1人擔任主席,繼續開會。(公§182-1 II)原條文就股東會之散會程序並無規定,易流為主席之恣意行為,無法保障股東之權益,尤其股東會開會時,主席違反公司所定之議事規則任意宣布散會,再擇期開會,不但耗費諸多社會成本,亦影響國內經濟秩序,所以於第2項明定主席恣意散會之處理程序。

延續上述鴻海召開股東會郭台銘擔任主席的例子,如果照著議事規則,股東會本來應該要繼續召開下去,可是假設有股東要求加碼股利1元,造成郭董事長的不滿意,突然違反議事規則

而宣布散會。這時候就可以由出席股東表決權過半數之同意的程序，推選出1人擔任主席，繼續開會。即使是郭台銘先生不在現場，也還是可以順利完成會議的進行，以保障股東的權益。

八 股東會之延期或續行集會

股東會決議在5日內延期或續行集會，不適用第172條（股東會召集之通知）之規定。（公§182）換言之，所謂不適用第172條之規定，是指不必在一定期間前通知股東要召開會議。

九 股東會議決事項之相關程序

股東會之議決事項，應作成議事錄，由主席簽名或蓋章，並於會後20日內，將議事錄分發各股東。（公§183Ⅰ）

前項議事錄之製作及分發，得以電子方式為之。（公§183Ⅱ）為因應電子科技之進步，節省公司通知事務之成本，議事錄之製作及分發，得依電子簽章法規定之電子方式為之，爰增訂第2項。

本法第185條第1項議事錄之分發，得以公告方式為之。（公§183Ⅲ）

議事錄應記載會議之年、月、日、場所、主席姓名、決議方法、議事經過之要領及其結果，在公司存續期間，應永久保存。（公§183Ⅳ）

出席股東之簽名簿及代理出席之委託書，其保存期限至少為1年。但經股東依第189條提起訴訟者，應保存至訴訟終結為止。（公§183Ⅴ）換言之，如果打官司時進展了3年，已經超過了原規定保存期限之1年，公司仍有保存義務。

代表公司之董事，違反第1項、第4項或第5項規定者，處新臺幣1萬元以上5萬元以下罰鍰。（公§183Ⅵ）

🎴 重大營運事項：股東會之特別決議

　　有些事項較為重大，不能夠僅以普通決議為之，而要經過較為嚴謹的特別決議。依據公司法規定，公司為下列行為，應有代表已發行股份總數三分之二以上股東出席之股東會，以出席股東表決權過半數之同意行之：（公§185Ⅰ）

　　㈠締結、變更或終止關於出租全部營業，委託經營或與或他人經常共同經營之契約。

　　㈡讓與全部或主要部分之營業或財產。

　　㈢受讓他人全部營業或財產，對公司營運有重大影響者。

　　公開發行股票之公司，出席股東之股份總數不足前項定額者，得以有代表己發行股份總數過半數股東之出席，出席股東表決權三分之二以上之同意行之。（公§185Ⅱ）前二項出席股東股份總數及表決權數，章程有較高之規定者，從其規定。（公§185Ⅲ）

　　為使規模較大公開發行股票之公司遇有特別議案時，股東會易於召開，在不違反多數決議之原則下，訂定第2項及第3項，以緩和股東收購委託書之壓力，及保障大眾投資者權益。否則，要花很多錢，才能收購足夠的委託書，讓出席的表決權達到已發行股份總數三分之二以上。

　　公司法第185條第1項之議案，應由有三分之二以上董事出席之董事會，以出席董事過半數之決議提出之。（公§185Ⅵ）

🔟 股份收買請求權

　　股東於股東會為前（185）條決議前，已以書面通知公司反對該項行為之意思表示，並於股東會已為反對者，得請求公司以當時公平價格，收買其所有之股份。但股東會為前（185）條第1項第2款之決議（讓與全部或主要部分之營業財產），同時決議解散時，不在此限。（公§186）

　　公司法第186條之請求，應自第185條決議日起20日內，提出記載股份種類及數額之書面為之。（公§187Ⅰ）股東與公司間協議決定股份價格者，公司應自決議日起90日內支付價款，自公司法第185條決議日起60日內未達協議者，股東應於此期間經過後30日內，聲請法院為價格之裁定。（公§187Ⅱ）公司對法院裁定之價格，自第2項之期間屆滿日起，應支付法定利息，股份價款之支付，應與股票之交付同時為之，股份之移轉於價款支付時生效。（公§187Ⅲ）

　　公司法第186條股東之請求，於公司取銷第185條第1項所列之行為時，失其效力。（公§188Ⅰ）股東於前（187）條第1項及第2項之期間內，不為同項之請求時亦同。（公§188Ⅱ）

股東會之查核權與盈餘虧損之決議

股東會得查核董事會造具之表冊、監察人之報告，並決議盈餘分派或虧損撥補。（公§184Ⅰ）股息紅利之分派原即為盈餘分派之一種，本項規定增訂股東會得決議虧損撥補，以期周延。

執行第184條第1項查核時，股東會得選任檢查人。（公§184Ⅱ）

對於前二項查核有妨礙、拒絕或規避之行為者，各處新臺幣2萬元以上10萬元以下罰鍰。（公§184Ⅲ）

編製議事手冊

公開發行股票之公司召開股東會，應編製股東會議事手冊，並應於股東會開會前，將議事手冊及其他會議相關資料公告。（公§177-3Ⅰ）為使公開發行股票公司之股東瞭解股東會議事程序及內容，公司除應編製議事手冊外，並應於開會前將議事資料公告揭露，以便股東行使權利。如果一般股東想要瞭解股東會開會的內容，可以連上「公開資訊觀測站」之網站查詢即可。

前項公告之時間、方式、議事手冊應記載之主要事項及其他應遵行事項之辦法，由證券主管機關定之。（公§177-3Ⅱ）公開發行股票公司會議資料公告之時間、方式、議事手冊應記載之主要事項及其他應遵行事項之辦法，授權證券主管機關定之。公司法相關法令相當繁雜，主管機關所要規範的事項也非常多，因此許多細部規範則由法律具體明確地授權由相關行政機關訂定辦法，加以規範之。

股東會之查核權

股東會得查核董事會造具之表冊、監察人之報告

股東會盈餘分派、虧損撥補之決議

決議盈餘分派

決議虧損撥補

相關考題

股份有限公司每一股份享有一個表決權，此為下列何種原則之具體規定？ (A)股份轉讓自由原則 (B)股份平等原則 (C)股東有限責任原則 (D)股份禁止回籠原則 【97普考-法學知識與英文】	(B)
關於公司股東會之表決權，下列敘述何者錯誤？ (A)原則上普通股一股有一表決權 (B)表決之事項與股東有利害關係者，該股東不得加入表決 (C)特別股之股東一定無表決權 (D)公司依法持有自己股份者無表決權 【99鐵路四等員級-法學知識與英文】	(C)

Note

4 董事及董事會

■ 董事會之人數

公司董事會，設置董事不得少於3人，由股東會就有行為能力之人選任之。（公§192Ⅰ）

公司得依章程規定不設董事會，置董事1人或2人。置董事1人者，以其為董事長，董事會之職權並由該董事行使，不適用本法有關董事會之規定；置董事2人者，準用本法有關董事會之規定。（公§192Ⅱ）

公開發行股票之公司依第1項選任之董事，其全體董事合計持股比例，證券主管機關另有規定者，從其規定。（公§192Ⅲ）

所謂行為能力之規定，則回歸民法之規定，成年人有行為能力，或限制行為能力結婚者，亦有行為能力。但是民法第15-2條及第85條之規定，對於前項行為能力不適用之。（公§192Ⅳ）

依民法第15-2條第1項第1款規定，受輔助宣告之人為獨資、合夥營業或為法人之負責人時，應經輔助人同意；經該同意者，同條第3項規定準用該法第85條，受輔助宣告之人，關於該營業，有行為能力。

民法第85條第1項規定：「法定代理人允許限制行為能力人獨立營業者，限制行為能力人，關於其營業，有行為能力。」限制行為能力人雖然依據本條規定，得以就營業範圍內有行為能力，但是依舊不得擔任董事。

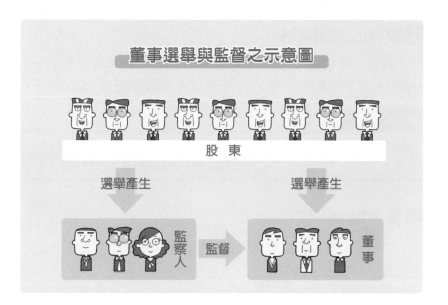

董事選舉與監督之示意圖

股　東

選舉產生　　　　　　選舉產生

監察人　監督　董事

■二 董事，未必是股東

　　董事，當然不是有經營能力就可以取得，而是看誰掌握的股權多，誰就可以爭取到較多的董事席次。但是，企業所有與企業經營分離之世界潮流，且公司之獲利率與公司董事是否由股東擔任無直接關聯，故董事不以具有股東身分為必要。

　　股東掌握的股權，並不代表自己實際持有股權，可能是透過委託書收購的方式進行掌控，可能會產生低持股但卻掌控一家公司的結果，對於企業的向心力恐有欠缺之虞，因此雖然董事不必然是公司股東，但為了避免非公司股東有不盡心為公司著想之疑慮，所以全體董事合計持股比例，若證券主管機關另又規定者，從其規定（請參照「公開發行公司董事監察人股權成數及查核實施規則」）。（公§192Ⅲ）

三 董事的消極資格

另外，董事的消極資格，亦準用公司法第30條之規定（公§192 VI）有下列情事之一者，不得充經理人，其已充任者，當然解任。

四 董事選舉制度

公司董事選舉，採候選人提名制度者，應載明於章程，股東應就董事候選人名單中選任之。但公開發行股票之公司，符合證券主管機關依公司規模、股東人數與結構及其他必要情況所定之條件者，應於章程載明採董事候選人提名制度。（公§192-1 I）按上市、上櫃等公開發行股票之公司，股東人數眾多，為健全公司發展及保障股東權益，推動公司治理，宜建立董事候選人提名制度，並載明於章程，俾供股東就董事候選人名單進行選任。

公司應於股東會召開前之停止股票過戶日前，公告受理董事候選人提名之期間、董事應選名額、其受理處所及其他必要事項，受理期間不得少於10日。（公§192-1 II）公司負責人或其他召集權人違反第2項或前二項規定者，各處新臺幣1萬元以上5萬元以下罰鍰。但公開發行股票之公司，由證券主管機關各處公司負責人或其他召集權人新臺幣24萬元以上240萬元以下罰鍰。（公§192-1 VII）

只要是少數股東就可以有董事的提名權，本法規定：持有已發行股份總數百分之一以上股份之股東，得以書面向公司提出董事候選人名單，提名人數不得超過董事應選名額；董事會提名董事候選人之人數，亦同。（公§192-1 III）因此，即便是只有百分之

一或二的股份，但是透過一些委託書收購的方式，也是有機會可以掌握一家大公司。

五 董事提名審查事項

董事會或其他召集權人召集股東會者，除有下列情事之一者外，應將其列入董事候選人名單：（公§192-1Ⅴ）

㈠提名股東於公告受理期間外提出。

㈡提名股東於公司依第165條第2項或第3項停止股票過戶時，持股未達百分之一。

㈢提名人數超過董事應選名額。

㈣提名股東未敘明被提名人姓名、學歷及經歷。

案例事實 劉×英插旗開發金案

劉×英，於民國81年6月1日以國民黨黨營事業啓聖投資股份有限公司法定代表人之身分，當選並擔任中華開發銀行董事長後，啓聖公司因故陸續出脫降低持股比例，且中華開發銀行股權分散，董事及監察人持股比例有限，依其等自有或所屬法人之持股比例，不足以當選中華開發銀行董監事。所以就違法以公司資金收購委託書，支持劉×英等人連任。

按公開發行公司之經營階層或其大股東於股東會有選舉董事或監察人議案時，如係爲鞏固經營權而以大股東名義徵求委託書所支付之費用，應係該經營者或大股東爲取得股東會委託書，進而掌握公司經營權所須支付之成本，並非中華開發銀行營運所應負擔之費用而不得由公司支出，至於未改選董監事之各年度，依規定則得由中華開發銀行負擔各該年度徵求股東出席股東會委託書所支付之費用。

（臺灣臺北地方法院99年度金重訴字第7號刑事判決）

六 公司與董事間之關係

公司與董事間之關係，除本法另有規定外，依民法關於委任之規定。(公§192V)稱委任者，謂當事人約定，一方委託他方處理事務，他方允為處理之契約。(民§528)

相關考題

下列何人係股份有限公司之法定對外代表人？ (A)總經理 (B)董事長 (C)總裁 (D)負責人【96三等身心障礙特考一般行政 - 法學知識】	(B)
下列關於股份有限公司董事會之敘述何者錯誤？ (A)公司董事人數不得少於3人 (B)公司董事必須是公司股東 (C)董事會為決議時，有利益衝突的董事於表決時必須迴避，否則此一決議無效 (D)每年度會計終了，董事會必須編造相關財務與業務表冊送監察人查核並經股東會決議 【100普考 - 法學知識與英文】	(B)

七 通知股東

公司應於股東常會開會25日前或股東臨時會開會15日前，將董事候選人名單及其學歷、經歷公告。但公開發行股票之公司應於股東常會開會40日前或股東臨時會開會25日前為之。(公§192-1VI)

八 董事會執行業務與決議

(一)執行業務之依據

董事會執行業務，應依照法令章程及股東會之決議。(公§193I)董事會就很像是行政團隊一樣，帶領著整個政府走向希望的明日，也是要依據立法院訂出的法律來執行政策，以民意為依歸。董事也是一樣，依據股東的付託，可能是法令、章程規定或者是股東會的決議，來帶領著整個公司賺取盈餘。

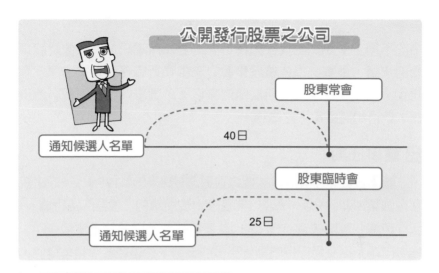

(二)違反執行業務依據之賠償責任

董事會之決議，違反前項規定，致公司受損害時，參與決議之董事，對於公司負賠償之責；但經表示異議之董事，有紀錄或書面聲明可證者，免其責任。（公§193Ⅱ）

公司得於董事任期內就其執行業務範圍依法應負之賠償責任投保責任保險。（公§193-1Ⅰ）

各項表冊經股東會決議承認後，視為公司已解除董事及監察人之責任。但董事或監察人有不法行為者，不在此限。（公§231）

換言之，會計表冊之承認，即可導致解除董事及監察人合法行為責任之效果。另外，董事會決議，為違反法令或章程之行為時，繼續1年以上持有股份之股東，得請求董事會停止其行為。（公§194）

(三)公司業務執行之主體

公司業務之執行，除本法或章程規定應由股東會決議之事項外，均應由董事會決議行之。（公§202）如同法律也有法律與命

令之不同，法律是由代表人民之立法委員所規範，就好像是股東會的決議，董事必須依據股東會之決議執行職務，如果法律沒有規定，則如同在組織法所規範之職掌下，董事得已經由董事會決議，執行相關職掌下之職務。

九 董事任期

董事任期不得逾3年。但得連選連任。（公§195 I）一般來說都會做滿3年，所以，每隔3年就會出現所謂的「董監改選行情」。

所謂「董監改選行情」，也就是董監事為了要繼續掌權公司，擔心市場派從交易市場購買到更多的股份，使得經營權豬羊變色，不但不敢擅自賣掉股票，必須持續擁有公司股票，以避免經營權遭到其他人取得。甚至於競爭激烈的情況，還會在董監事選舉的「一定期間」前，開始大肆買進股票，所以董監事改選競爭激烈的股票，股價就易漲難跌。所以，每年的9月，就可以開始找一些隔年有可能發生「董監改選行情」的股票。（參考本書第110～111頁）

十 董事任期不及改選

董事任期屆滿而不及改選時，延長其執行職務至改選董事就任時為止。但主管機關得依職權限期令公司改選；屆期仍不改選者，自限期屆滿時，當然解任。（公§195 II）

按公司與董事間之關係，依民法委任契約期間屆滿，公司本應召集股東會改選之。然實務上，因公司經營權之爭致遲遲未為改選之事例比比皆是，為保障股東之權益，促進公司業務正常經營，以貫徹本條之立法目的。假設2008年6月20日（五）股東會改選董監事，2011年股東會卻選擇6月24日（五）改選董監事，已經超過了3年，但因為只差幾天，所以可以延長其執行職務至改選董事就任時為止。

相關考題

股份有限公司之總經理,係由下列何機關選任? (A)股東會 (B)監察人 (C)董事會 (D)工會 【96三等第二次警察特考-法學知識與英文】	(C)
關於股份有限公司董事及監察人之選任與解任,下列敘述,何者錯誤? (A)非公開發行公司之董事,於任期中轉讓超過選任當時所持有之公司股份半數時,當然解任 (B)董事及監察人不得採分期改選制度 (C)董事及監察人之任期未屆滿前,股東會應有代表已發行股份總數過半數股東之出席,決議改選全體董事及監察人 (D)公開發行公司得依章程規定,採取董事及監察人候選人提名制度 【106司特四等-法學知識與英文】	(A)

案例事實 泰谷公司消極不改選董監事案

泰谷公司(3339)本應於2011年6月28日股東會完成董監事改選,但因擔憂經營權拱手讓人,截至最後公告議程時期4月13日,卻沒有將董監改選排進股東會議程,但6月18日任期即已屆滿,引發市場派億光公司的責難,質疑有萬年董監事的意圖。

基於公司治理的要求,所有上市櫃公司應該在股東會72天前公告當天的會議議程讓所有投資人及股東知悉,而且董監事改選屬於重大議程,並不能夠用臨時動議方式提出。主管機關可以依據公司法第195條第2項但書規定,依職權令泰谷公司改選,否則就當然解任。再依據公司法第208-1條第1項選任1人以上之臨時管理人,代行董事長及董事會之職權。

最後,公司派本來決定在9月16日召開股東臨時會,進行改選董監事;市場派億光公司卻打出一招,在經過經濟部允許後,召開臨時股東會,進行改選董監事,最後並順利取得掌控董事會之權力。

🔟 董事酬勞

董事之報酬，未經章程訂明者，應由股東會議定，不得事後追認。（公§196Ⅰ）原公司法第196條規定，董事之報酬，章程未訂明者，應由股東會決議定之。本條原意為避免董事利用其為公司經營者之地位與權利，恣意索取高額報酬，故不以董事會決議為足，而須將董事報酬委由章程與股東會決議定之。然而現行實務上由於我國公司股權結構係屬於相對集中之類型，其結果是公司的董監事大多由大股東兼任，因此多有公司監督制衡機制失靈之情形，公司董事與監事勾結，自行恣意給與高額報酬，無法透過市場機制形成公正的金額，從而可能連帶造成公司營運不佳之虧損。

🔟 政府紓困方案之法定限制

公司法第29條第2項之規定，對董事準用之。（公§196Ⅱ）這一條是2008年金融海嘯後所修正的條文，準用紓困方案中經理人報酬限制之規定。

㈠董事報酬之限制

在公司參與政府專案核定之紓困方案時，其董事之報酬應由主管機關訂立法定上限之相關辦法，以免造成公司在有營運不佳情形，其董事仍得恣意索取高額報酬之不公，特於第196條增訂第2項，準用第29條第2項之規定。

㈡監事報酬之限制

就公開發行股票公司監察人部分，因為依公司法第227條準用董事規定之結果，在公司參與政府專案核定之紓困方案時，其報酬亦受有法定限制。

🔟 董監事持股轉讓

董事經選任後，應向主管機關申報，其選任當時所持有之公司股份數額；公開發行股票之公司董事在任期中轉讓超過選任當時所持有之公司股份數額二分之一時，其董事當然解任。（公§197Ⅰ）董事在任期中其股份有增減時，應向主管機關申報並公告之。（公§197Ⅱ）

案例事實 **康友-KY董事長賣股事件**

康友董事長兼總經理黃文烈9月減少133張持股，估計套現5千萬元，未見其申報轉讓持股。法人表示，依規定，大股東、董監事及內部人，若要賣股須事先公告，並於公告日起算第三個交易日才可在市場賣出，但若每天在市場賣出10張以內不用申讓，因此，黃文烈不排除是9月悄悄在市場每天幾張幾張賣出，引起市場側目。

雖然沒有達到轉讓超過選任當時所持有之公司股份數額二分之一，而達到董事當然解任的效果；惟消息一出，市場馬上崩盤，一路從537元的高點，3週內最低跌到125元。

⑭ 持股轉讓＝對公司沒信心？

如果董監事、關係人或經理人出脫持股，除了報稅或其他個人理由事宜，有可能是因為對於自己所屬公司未來展望的不樂觀，所以投資特定公司時，觀察近期有無持股轉讓的現象，是判斷該公司未來展望的重要參考資訊之一。但是，也不是持股轉讓，就代表公司內部人員對於股價沒有信心，有可能是5月賣股繳稅金或其他原因。據報載，每年郭台銘先生都會出脫一部分的持股來繳稅，在持股轉讓的資料中，也確實會看到相關資料。

⑮ 轉讓持股超過二分之一之效力

公開發行股票之公司董事當選後，於就任前轉讓超過選任當時所持有之公司股份數額二分之一時，或於股東會召開前之停止股票過戶期間內，轉讓持股超過二分之一時，其當選失其效力。（公§197Ⅲ）對公司於董事任期屆滿前提前改選，則自選任時至就任此一期間轉讓股份，或於股東會召開前之過戶閉鎖期間轉讓持股之情形，舊條文本來並未予規範，顯有缺失，所以後來本條文增訂第3項。

⑯ 董監事持股之設質

㈠設質之通知與申報公告

董事之股份設定或解除質權者，應即通知公司，公司應於質權設定或解除後15日內，將其質權變動情形，向主管機關申報並公告之。但公開發行股票之公司，證券主管機關另有規定者，不在此限。（公§197-1Ⅰ）

董事將其股份設定或解除質權之情形，應予揭露，爰明定董事應即通知公司，由公司向主管機關申報並公告之。惟公開發行股票之公司，證券主管機關另有規定時，從其規定。如果要查詢相關設質情形，可以連上「公開資訊觀測站」查詢。

公開發行股票之公司董事以股份設定質權超過選任當時所持有之公司股份數額二分之一時，其超過之股份不得行使表決權，不算入已出席股東之表決權數。（公§197-1Ⅱ）

(二)設質之目的與對於股價之影響

董監事設定質權的目的是需要用錢，以股票充作擔保向金融機講借款，一般設質大約可以借到股票市值六成左右的資金。若董監事增加設定質權股票是為了取得資金，以便從事個人理財，有助於鎖定籌碼。換言之，董監事就不會將股票賣出。

其次，董監事也可能利用權力來維持股價，以免股價大幅下跌而面臨須補足保證金之壓力，例如股災發生時，可以支持買回庫藏股的方案，不但能確保自己免於補足保證金，又可以贏得廣大股東的支持。

反之，質押股票必須繳納利息，質押比率過高，表示董監事有短期資金壓力，很可能因為利息負擔過大，資金週轉不靈而被迫釋出持股，也因此影響股價往下的力道。

吉 累積投票制

股東會選任董事時，每一股份有與應選出董事人數相同之選舉權，得集中選舉1人，或分配選舉數人，由所得選票代表選舉權較多者，當選為董事。（公§198Ⅰ）此即所謂的累積投票制。

贊成

例如要選出9位董事，則每一個股份有9個選舉權，可以將這9票集中投給同一個被選舉人。舊法認為董事之選任方式，係屬公司內部自治事宜，所以條文本來規定「除公司章程另有規定外」，俾為彈性處理。但是，舊法的例外大門，卻讓許多公司透過章程採行連記投票制，大者全拿，變成萬年董監事，所以現行法加以刪除「除公司章程另有規定外」之文字。

公司法第178條之規定，對於前項選舉權，不適用之。（公§198 Ⅱ）所謂第178條之規定，是指「股東對於會議之事項，有自身利害關係致有害於公司利益之虞時，不得加入表決，並不得代理他股東行使其表決權。」如果因為有自身利害關係而迴避，則股東自己想要選舉董事，結果因為此條規定而要迴避，顯然並不合理，所以本條規定排除公司法第178條之適用。

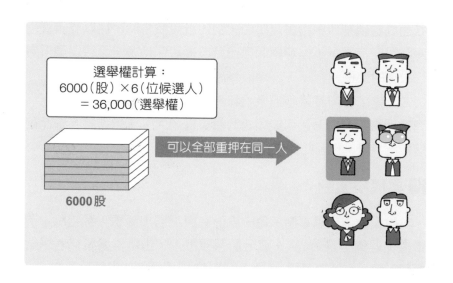

選舉權計算：
6000（股）×6（位候選人）
＝ 36,000（選舉權）

可以全部重押在同一人

6000股

六 累積投票制之投票模擬

A公司有甲乙兩大股東，各占60%、40%股份，總計100股，要選出5名董事，甲乙兩大股東各提名5位候選人，甲、乙兩大股東各有300（60×5）、200（40×5）的投票權。

⊙方案一

如果甲股東將每一股份之投票權平均分配給5個人，每人取得60票，乙股東也是平均分配給5個人，每人40票，所以甲股東拿下5名董事的席次，乙股東拿下0個董事的席次。

股東	票數分配					當選人數
甲股東	A	B	C	D	E	5人
	60	60	60	60	60	
乙股東	F	G	H	I	J	0人
	40	40	40	40	40	

⊙方案二

因此，乙公司預估此一慘狀，可能會改變投票策略，也就是集中投給3位候選人，讓這3位候選人的票數變成大約67票，反而拿到3席，甲股東反而剩下2席。

股東	票數分配					當選人數
甲股東	A	B	C	D	E	2人
	60	60	60	60	60	
乙股東	F	G	H	I	J	3人
	67	67	66	0	0	

實務案件 黑松內鬨事件

　　民國99年5月間，黑松爆發內部糾紛，董事長張×宏、前總經理張×榕，兩方人馬針對是否讓微風進入董事會，展開攻防戰，張×榕認為現任董事長張×宏過於偏向微風，所以要拔除其董事長之地位，因此召開臨時股東會，要改選董監事，並要採取「全額連記制」。

　　看起來張×榕持有的股權應該比較多（也可能是掌握股權或委託書較多），所以才會採用「全額連記制」。為何會如此判斷，必須說明一下公司法董事選任投票的相關制度。

㈠相關法規

　　依據公司法第198條第1項規定：「股東會選任董事時，除公司章程另有規定外，每一股份有與應選出董事人數相同之選舉權，得集中選舉1人，或分配選舉數人，由所得選票代表選舉權較多者，當選為董事。」

　　因此，原則上我國採取「累積投票制」，而例外才可以透過公司章程的規定，另外選擇其他的投票制度，例如實務案例中所提的「全額連記制」。

㈡累積投票制

　　所謂「累積投票制」，對於小股東較為有利，可以將全部票數全部押在特定人身上，使得這些特定人能夠衝高票數，提高當選的機會。此一概念很像民意代表選舉一樣，例如新黨在同一選區派出3位候選人，可是因為新黨勢微，所以必須將選民的票數集中在同1人，至少讓1人當選，以免3人都高票落選。

㈢全額連記制

「全額連記制」,則是指每一股份具有與應選出董事人數相同之選舉權,每一選舉權須選舉不同人,不得集中於同一人。就會產生前述只要持有過半股份的股東,董事選舉即可大勝的結果。

九 董事之解任

㈠董事解任之概念

公司的許多決策必須經由董事為之,董事如果欠缺正確的決斷能力,恐怕會對公司造成傷害,股東會是公司權力的來源,對於不適任的董事自然得以將之解任。因此,公司法規定:董事得由股東會之決議,隨時解任;如於任期中無正當理由將其解任時,董事得向公司請求賠償因此所受之損害。(公§199Ⅰ)

㈡董事解任之程序

股東會為前項解任之決議,應有代表已發行股份總數三分之二以上股東之出席,以出席股東表決權過半數之同意行之。(公§199Ⅱ)董事之解任,對於公司經營運作有重要影響,現行法採取特別決議,以昭慎重。

公開發行股票之公司,出席股東之股份總數不足前項定額者,得以有代表已發行股份總數過半數股東之出席,出席股東表決權三分之二以上之同意行之。(公§199Ⅲ)前二項出席股東股份總數及表決權數,章程有較高之規定者,從其規定。(公§199Ⅳ)

㈢董事之提前解任

股東會於董事任期未屆滿前,改選全體董事者,如未決議董事於任期屆滿始為解任,視為提前解任。(公§199-1Ⅰ)

前項改選，應有代表已發行股份總數過半數股東之出席。（公
§199-1 Ⅱ）

🈤 少數股東之裁判解任權

董事執行業務，有重大損害公司之行為或違反法令或章程之
重大事項，股東會未為決議將其解任時，得由持有已發行股份總
數百分之三以上股份之股東，於股東會後30日內，訴請法院裁判
之。（公§200）

公司法第199條修正後，提高股東會應出席股份數及表決權
數，將致董事解任較為不易，為配合放寬訴請裁判解任之要件，
刪除小股東「繼續1年以上」之要件，俾於董事確有重大損害公
司之行為或違反法令、章程時，小股東仍得訴請法院裁判解任，
以資補救。所以，一邊變得比較嚴格，一邊變得比較彈性。

🈫 董事缺額之處理

董事缺額達三分之一時，董事會應於30日內召開股東臨時會
補選之。但公開發行股票之公司，董事會應於60日內召開股東臨
時會補選之。（公§201）為避免缺額過多，影響公司正常運作，以
缺額達到三分之一作為是否補選之門檻，也可以避免因為剩下少
數派系把持公司，但如果未達三分之一，例如剛好有一位董事因
為身體不適而辭職，或者是發生意外而死亡，則只少一位董事，
卻要動輒補選董事，召開股東臨時會也是非常浪費公司的資源。

🈪 董事會之召集權人與時間

每屆第一次董事會，由所得選票代表選舉權最多之董事於改選
後15日內召開之。但董事係於上屆董事任滿前改選，並決議自任期
屆滿時解任者，應於上屆董事任滿後15日內召開之。（公§203 Ⅰ）

董事係於上屆董事任期屆滿前改選，並經決議自任期屆滿時解任者，其董事長、副董事長、常務董事之改選得於任期屆滿前為之，不受前項之限制。（公§203Ⅱ）依原條文規定，董事如係於上屆董事任期屆滿前改選者，須於上屆董事任滿後15日內始得召開第一次董事會，據此，董事長、副董事長、常務董事無法於任期屆滿前改選，銜接視事，公司運作相當不便，為利新、舊任交接，始有此一規定。

第一次董事會之召開，出席之董事未達選舉常務董事或董事長之最低出席人數時，原召集人應於15日內繼續召開，並得適用公司法第206條之決議方法選舉之。（公§203Ⅲ）亦即除本法另有規定外，應有過半數董事之出席，出席董事過半數之同意行之。

得選票代表選舉權最多之董事，未在第1項或前項限期內召集董事會時，得由過半數當選之董事，自行召集之。（公§203Ⅳ）

董事會由董事長召集之。（公§203-1Ⅰ）過半數之董事得以書面記明提議事項及理由，請求董事長召集董事會。（公§203-1Ⅱ）前項請求提出後15日內，董事長不為召開時，過半數之董事得自行召集。（公§203-1Ⅲ）

🔢 董事會之決議方式

董事會之決議，除本法另有規定外，應有過半數董事之出席，出席董事過半數之同意行之。（公§206Ⅰ）董事對於會議之事項，有自身利害關係時，應於當次董事會說明其自身利害關係之重要內容。（公§206Ⅱ）董事之配偶、二親等內血親，或與董事具有控制從屬關係之公司，就前項會議之事項有利害關係者，視為董事就該事項有自身利害關係。（公§206Ⅲ）公司法第178條（利益迴避）、第180條第2項（利益迴避不算入出席表決股東之表決權數）之規定，於第1項之決議準用之。（公§206Ⅳ）

囝 召集與開會之程序

董事會之召集，應於3日前通知各董事及監察人。但章程有較高之規定者，從其規定。（公§204Ⅰ）公開發行股票之公司董事會之召集，其通知各董事及監察人之期間，由證券主管機關定之，不適用前項規定。（公§204Ⅱ）有緊急情事時，董事會之召集，得隨時為之。（公§204Ⅲ）前三項召集之通知，經相對人同意者，得以電子方式為之。（公§204Ⅳ）董事會之召集，應載明事由。（公§204Ⅴ）

第218-2條修正後，賦予監察人有出席董事會表示意見之權利，故召集董事會時，當然亦應對監察人為通知。

董事會開會時，董事應親自出席。但公司章程訂定得由其他董事代理者，不在此限。（公§205Ⅰ）董事會開會時，如以視訊會議為之，其董事以視訊參與會議者，視為親自出席。（公§205Ⅱ）鑒於電傳科技發達，以視訊會議方式從事會談，亦可達到相互討論之會議效果，與親自出席無異。但是否全部都是視訊會議，或只有一部分視訊會議，法令上並無清楚規範，似乎只要於開會通知時載明可以透過視訊會議出席，則即屬於視訊會議之型態，董事以視訊參與會議者，視為親自出席。

董事委託其他董事代理出席董事會時，應於每次出具委託書，並列舉召集事由之授權範圍。（公§205Ⅲ）實務見解認為本項規定：旨在限制董事為概括之委任，以杜絕少數董事操縱董事會之弊，故董事委託其他董事出席董事會時，課其「每次」出具委託書，並於該委託書列舉「召集事由之授權範圍」之義務，違反此項規定而為委任者，不生委託出席之效力。（70台上3410判決）

前（3）項代理人，以受1人之委託為限。（公§205Ⅳ）公司章

程得訂明經全體董事同意，董事就當次董事會議案以書面方式行使其表決權，而不實際集會。（公 §205 V）

　　前項情形，視為已召開董事會；以書面方式行使表決權之董事，視為親自出席董事會。（公 §205 VI）前二項規定，於公開發行股票之公司，不適用之。（公 §205 VII）

相關考題

股東會選任董事時，除公司章程另有規定外，每一股份有與應選出董事人數相同之選舉權，得集中選舉一人，或分配選舉數人，由選舉權較多者當選為董事的制度，稱為： (A)多數投票制 (B)累積投票制 (C)分配投票制 (D)集中投票制 　　　　　　　　　　　　【100地方特考五等-法學大意】	(B)
A 公開發行公司之董事甲，選任董事當時所持有之公司普通股為 50 萬股，惟其近期因投資需求，將其中 45 萬股向銀行設定質權借款。之後，當 A 公司召開股東會時，甲得行使表決權之股數有多少？ (A)5萬股 (B)20萬股 (C)25萬股 (D)30萬股 　　　　　　　　　　　　【103高考-法學知識與英文】	(D)

董事長之互選

董事會未設常務董事者，應由三分之二以上董事之出席，及出席董事過半數之同意，互選1人為董事長，並得依章程規定，以同一方式互選1人為副董事長。（公§208Ⅰ）董事會設有常務董事者，其常務董事依前項選舉方式互選之，名額至少3人，最多不得超過董事人數三分之一。董事長或副董事長由常務董事依前(1)項選舉方式互選之。（公§208Ⅱ）

董事長對內為股東會、董事會及常務董事會主席，對外代表公司。董事長請假或因故不能行使職權時，由副董事長代理之；無副董事長或副董事長亦請假或因故不能行使職權時，由董事長指定常務董事1人代理之；其未設常務董事者，指定董事1人代理之；董事長未指定代理人者，由常務董事或董事互推1人代理之。（公§208Ⅲ）

常務董事於董事會休會時，依法令、章程、股東會決議及董事會決議，以集會方式經常執行董事會職權，由董事長隨時召集，以半數以上常務董事之出席，及出席過半數之決議行之。（公§208Ⅳ）

公司法第57條及第58條對於代表公司之董事準用之。（公§208Ⅴ）為因應公司經營之國際化、自由化，董事之國籍、住所已無限制之必要，爰刪除第5項（原規定：董事長及副董事長均須有中華民國國籍，並在國內有住所；常務董事須半數以上在國內有住所）。

臨時管理人

董事會不為或不能行使職權，致公司有受損害之虞時，法院因利害關係人或檢察官之聲請，得選任1人以上之臨時管理人，

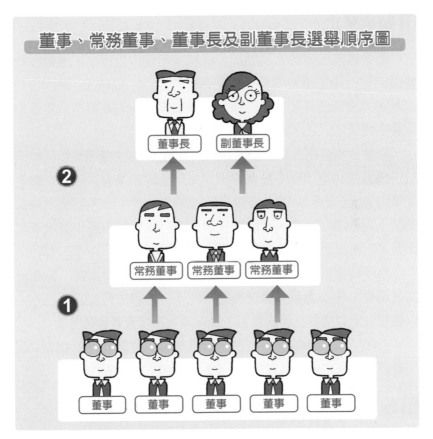

董事、常務董事、董事長及副董事長選舉順序圖

代行董事長及董事會之職權。但不得為不利於公司之行為。(公§208-1 I)按公司因董事死亡、辭職或當然解任，致董事會無法召開行使職權；或董事全體或大部分均遭法院假處分不能行使職權，甚或未遭假處分執行之剩餘董事消極地不行使職權，致公司業務停頓，影響股東權益及國內經濟秩序，透過臨時管理人的選任，來解決此一問題。

前文提到的泰谷公司消極不改選董監事案，即可透過臨時管理人之選任解決董監事遭主管機關解任的空窗期。

🈺 競業禁止

董事為自己或他人為屬於公司營業範圍內之行為，應對股東會說明其行為之重要內容並取得其許可。（公§209Ⅰ）現行公司的董事通常兼任許多公司的職位，所以股東會的提案事項常會看到解除競業禁止之內容。

股東會為公司法第209條第1項許可之決議，應有代表已發行股份總數三分之二以上股東之出席，以出席股東表決權過半數之同意行之。（公§209Ⅱ）公開發行股票之公司，出席股東之股份總數不足前項定額者，得以有代表已發行股份總數過半數股東之出席，出席股東表決權三分之二以上之同意行之。（公§209Ⅲ）

為使規模較大公開發行股票之公司遇有特別議案時，股東會易於召開，在不違反多數決議之原則下，特別規範此二項規定，以緩和股東收購委託書之壓力，及保障大眾投資者權益。

公司法第209條第2、3項出席股東股份總數及表決權數，章程有較高之規定者，從其規定。（公§209Ⅳ）

🈴 歸入權

董事違反公司法第209條第1項之規定，為自己或他人為該行為時，股東會得以決議，將該行為之所得視為公司之所得。但自所得產生後逾1年者，不在此限。（公§209Ⅴ）此即所謂「歸入權」之規定。例如某甲在任職A公司之後，居然還偷偷替B公司從事相同內容之工作，時間長達6個月，A公司股東很生氣，所以決議將甲工作6個月應得的薪資30萬元，視為公司所得。

競業禁止與歸入權

某甲替A公司設計手機

某甲也替B公司設計手機

你領了我們的薪水，還領其他公司的薪水，把其他地方賺的錢充公。

股東大罵董事

相關考題

下列何者非公司董事之義務？ (A)忠實執行業務 (B)盡善良管理人注意 (C)不得從事競業行為 (D)不得兼任他公司之任何職務 　(D)

【99四等關務-法學知識】

🈩 公司虧損

公司虧損達實收資本額二分之一時，董事會應於最近一次股東會報告。（公§211Ⅰ）例如面板、太陽能、生技產業若因景氣寒冬而不斷大幅虧損，實收資本額100億元的公司，很快地賠了近50億元，這可是非同小可，要立即向股東報告。

公司資產顯有不足抵償其所負債務時，除得依第282條（重整）辦理者外，董事會應即聲請宣告破產。（公§211Ⅱ）代表公司之董事，違反前二項規定者，處新臺幣2萬元以上10萬元以下罰鍰。（公§211Ⅲ）

🈪 對董事提起訴訟

股東會決議對於董事提起訴訟時，公司應自決議之日起30日內提起之。（公§212）此一決議只須普通決議即可，無須為特別決議。

公司與董事間訴訟，除法律另有規定外，由監察人代表公司，股東會亦得另選代表公司為訴訟之人。（公§213）

繼續6個月以上，持有已發行股份總數百分之一以上之股東，得以書面請求監察人為公司對董事提起訴訟。（公§214Ⅰ）

監察人自有前項之請求日起，30日內不提起訴訟時，前項之股東，得為公司提起訴訟；股東提起訴訟時，法院因被告之申請，得命起訴之股東，提供相當之擔保；如因敗訴，致公司受有損害，起訴之股東，對於公司負賠償之責。（公§214Ⅱ）

🈴 對董事提起訴訟之賠償責任

提起公司法第214條第2項訴訟所依據之事實，顯屬虛構，經終局判決確定時，提起此項訴訟之股東，對於被訴之董事，因此訴訟所受之損害，負賠償責任。（公§215Ⅰ）提起公司法第214條第2項訴訟所依據之事實，顯屬實在，經終局判決確定時，被訴之董事，對於起訴之股東，因此訴訟所受之損害，負賠償責任。（公§215Ⅱ）

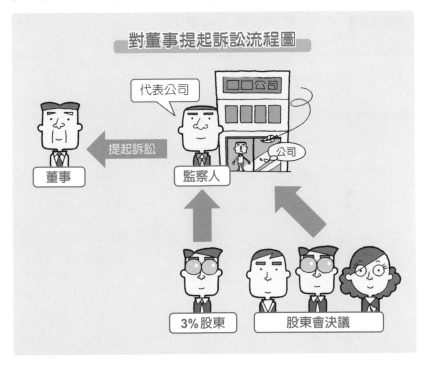

對董事提起訴訟流程圖

代表公司

□□公司

提起訴訟

公司

董事

監察人

3%股東　　股東會決議

股份有限公司股東會得依普通決議通過下列何種行為？ (A)增資發行新股 (B)決定對董事提起訴訟 (C)解任董事 (D)與他公司合併 【99鐵路高員三級-法學知識與英文】	(B)
董事會不為或不能行使職權時，法院得選任下列何人代行董事長及董事會職權？ (A)監察人 (B)臨時管理人 (C)檢察官 (D)主管機關 【103四等司特-法學知識與英文】	(B)
下列何者不屬於股份有限公司股東會之投票方式？ (A)視訊投票 (B)電子投票 (C)委託書代理投票 (D)書面投票 【102司特四等-法學知識與英文】	(A)

5 監察人

■ 監察人之選任

公司監察人，由股東會選任之，監察人中至少須有1人在國內有住所。（公§216Ⅰ）公開發行股票之公司依前項選任之監察人須有2人以上，其全體監察人合計持股比例，證券主管機關另有規定者，從其規定。（公§216Ⅱ）

公司與監察人間之關係，從民法關於委任之規定。（公§216Ⅲ）公司法第30條之規定（經理人之消極資格）及第192條第1項、第4項關於行為能力之規定，對監察人準用之。（公§216Ⅳ）

公司監察人選舉，依章程規定採候選人提名制度者，準用第192-1條第1項至第6項規定。（公§216-1）

監察人任期不得逾3年。但得連選連任。（公§217Ⅰ）

監察人任期屆滿而不及改選時，延長其執行職務至改選監察人就任時為止。但主管機關得依職權，限期令公司改選；屆期仍不改選者，自限期屆滿時，當然解任。（公§217Ⅱ）

由於監察人與董事的規定很類似，改選也都是一起改選，一般稱之為董監事改選，所以上開規定內容大同小異。監察人的權力也相當大，雖然並非如董事一樣得擁有經營公司的職權，但依法卻得以監督公司，所以如果監事運用其職權，每天都在以各種方式監督公司，對於董事經營公司的日常運作也有所妨礙，所以監察人的改選，競爭也是相當激烈的。

二 監察人全體解任

謝謝！謝謝！

恭喜！順利當上監察人！

監察人全體均解任時，董事會應於30日內召開股東臨時會選任之。但公開發行股票之公司，董事會應於60日內召開股東臨時會選任之。（公§217-1）鑒於監察人全體均解任時，無監察人行使財務報表查核、業務及財務調查等情形，公司陷於無監察人監督狀態，為了避免董事藉此時機上下其手，所以要儘快召開股東臨時會選任之，若等到股東常會再來改選，恐怕緩不濟急。至於董事的部分，其門檻則為董事缺額達三分之一時，董事會應於30日內召開股東臨時會補選之。但公開發行股票之公司，董事會應於60日內召開股東臨時會補選之。（公§201）

相關考題

股份有限公司股東會得依普通決議通過下列何種行為？　(A)增資發行新股　(B)決定對董事提起訴訟　(C)解任董事　(D)與他公司合併　【99鐵路高員三級-法學知識與英文】	(B)

三 監察人之監督權

監察人各得單獨行使監察權。（公§221）監察人應監督公司業務之執行，並得隨時調查公司業務及財務狀況，查核、抄錄或複製簿冊文件，並得請求董事會或經理人提出報告。（公§218 I）本項規定列出監察人應監督公司業務之執行，以資明確；另監察人亦得請求經理人提出報告，以強化監督權行使。

監察人辦理前項事務，得代表公司委託律師、會計師審核之。（公§218 II）違反第1項規定，規避、妨礙或拒絕監察人檢

查行為者,代表公司之董事處新臺幣2萬元以上10萬元以下罰鍰。但公開發行股票之公司,由證券主管機關處代表公司之董事新臺幣24萬元以上240萬元以下罰鍰。(公§218Ⅲ)前項情形,主管機關或證券主管機關並應令其限期改正;屆期末改正者,繼續令其限期改正,並按次處罰至改正為止。(公§218Ⅳ)

　　監察人對於董事會編造提出股東會之各種表冊,應予查核,並報告意見於股東會。(公§219Ⅰ)監察人辦理前項事務,得委託會計師審核之。(公§219Ⅱ)監察人違反第1項規定而為虛偽之報告者,各科新臺幣6萬元以下罰金。(公§219Ⅲ)

四 列席董事會

　　監察人得列席董事會陳述意見。(公§218-2Ⅰ)監察人既為公司業務之監督機關,妥善行使職權之前提乃須明瞭公司之業務經營,若使監察人得出席董事會,則監察人往往能較早發覺董事等之瀆職行為。

　　董事會或董事執行業務有違反法令、章程或股東會決議之行為者,監察人應即通知董事會或董事停止其行為。(公§218-2Ⅱ)

五 聽取董事報告權

　　董事發現公司有受重大損害之虞時,應立即向監察人報告。(公§218-1)監察人監察董事職務之執行,並得隨時調查公司業務及財務狀況,爰增設董事向監察人報告義務之條文。

六 召集股東會之權限

　　監察人除董事會不為召集或不能召集股東會外,得為公司利益,於必要時,召集股東會。(公§220)依最高法院判例,舊條文所謂「必要時」,應以「不能召開股東會,或應召集而不為召集股

東會，基於公司利害關係有召集股東會必要之情形，始為相當。」現行規定主要是參酌該最高法院判例，進行文字上的修正，相較於舊條文「監察人認為必要時，得召集股東會」，顯然更為明確。除董事會不為或不能召集情形下，為積極發揮監察人功能，由監察人認定於「為公司利益，而有必要」之情形，亦得召集之。

> **實務見解** 監察人召集與決議之撤銷
>
> 　　監察人於無召集股東會之必要時召集股東會，與無召集權人召集股東會之情形有別，僅係該股東會之召集程序有無違反法令，得否依公司法第189條規定，由股東自決議之日起1個月內，訴請法院撤銷其決議而已，該決議在未經撤銷前，仍為有效。(86台上1579判例)

七 超然行使職權

　　監察人不得兼任公司董事、經理人或其他職員。(公§222)監察人不得兼任公司其他職員之規定，期能以超然立場行使職權，並杜流弊。否則監督人同時扮演監督者與被監督者的角色，產生利益衝突，恐怕無法做好監督的角色。

八 損害賠償責任

監察人執行職務違反法令、章程或怠忽職務，致公司受有損害者，對公司負賠償責任。（公§224）監察人執行職務違反法令、章程致公司受損害時，本應負賠償之責，本條規定只是將之明文化。

股東會決議，對於監察人提起訴訟時，公司應自決議之日起30日內提起之。（公§225Ⅰ）前項起訴之代表，股東會得於董事外另行選任。（公§225Ⅱ）如果認為董事平常與監察人關係良好，這時候還可以請第三人對監察人提起訴訟。

監察人對公司或第三人負損害賠償責任，而董事亦負其責任時，該監察人及董事為連帶債務人。（公§226）監察人對公司或第三人負損害賠償責任，而董事亦負其責任時，該監察人及董事為連帶債務人。

公司法第196條至第200條（報酬、申報股份數額、設質之通知、選舉、解任）、第208-1條（臨時管理人）、第214條（小股東提起訴訟）及第215條（訴訟之賠償）之規定，於監察人準用之。但公司法第214條對監察人之請求，應向董事會為之。（公§227）監察人如有不為或不能行使職權，為利公司運作，有準用第208-1條之必要。

九 取代董事成為公司之代表

董事為自己或他人與公司為買賣、借貸或其他法律行為時，由監察人為公司之代表。（公§223）

董事向公司借貸示意圖

我要向公司借100萬元

好的，年息20萬，你同意這樣子的條件嗎？

董事

監察人代表

相關考題

甲股份有限公司之董事長為乙，今甲公司欲向乙購買土地一筆，請問何人可以代表甲公司與乙進行此一交易？　(A)甲公司之任何職員　(B)董事長乙　(C)甲公司之監察人　(D)甲公司股東會選定之人 【96公務關務人員升官等-法學知識與英文】	(C)
依公司法規定，股份有限公司中，何人得隨時調查公司業務及財務狀況，查核簿冊文件，並得請求董事會或經理人提出報告？　(A)檢查人　(B)股東　(C)監察人　(D)清算人 【97三等關務警特-法學知識】	(C)

6 會計

一 編造表冊

會計，簡單來說就是算算公司的帳，今年賺了多少錢，賠了多少錢，統計出來讓股東知道，並且與股東分享獲利或承擔損失。因此，公司法規定：每會計年度終了，董事會應編造下列表冊，於股東常會開會 30 日前交監察人查核：（公 §228Ⅰ）

(一)營業報告書。　(二)財務報表。

(三)盈餘分派或虧損撥補之議案。

第 1 項表冊，監察人得請求董事會提前交付查核。（公 §228Ⅲ）

董事會所造具之各項表冊與監察人之報告書，應於股東常會開會 10 日前，備置於本公司，股東得隨時查閱，並得偕同其所委託之律師或會計師查閱。（公 §229）但是一般民眾通常不會跑到公司翻閱，上網查看即可。

實務案例　彈性化之盈餘分派或虧損撥補：台積電 (2330)

公司章程得訂明盈餘分派或虧損撥補於每季或每半會計年度終了後為之。（公 §228-1Ⅰ）譬如說台積電(股票代號：2330)目前是每季配息。公司前三季或前半會計年度盈餘分派或虧損撥補之議案，應連同營業報告書及財務報表交監察人查核後，提董事會決議之。（公 §228-1Ⅱ）公司依前項規定分派盈餘時，應先預估並保留應納稅捐、依法彌補虧損及提列法定盈餘公積。但法定盈餘公積，已達實收資本額時，不在此限。（公 §228-1Ⅲ）公司依第 2 項規定分派盈餘而以發行新股方式為之時，應依第 240 條規定辦理；發放現金者，應經董事會決議。（公 §228-1Ⅳ）公開發行股票之公司，依前四項規定分派盈餘或撥補虧損時，應依經會計師查核或核閱之財務報表為之。（公 §228-1Ⅴ）

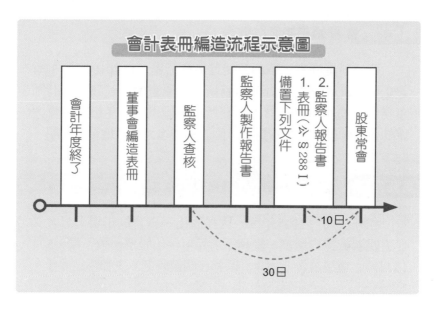

二 表冊承認

董事會應將其所造具之各項表冊，提出於股東常會請求承認，經股東常會承認後，董事會應將財務報表及盈餘分派或虧損撥補之決議，分發各股東。（公§230Ⅰ）前項財務報表及盈餘分派或虧損撥補決議之分發，公開發行股票之公司，得以公告方式為之。（公§230Ⅱ）代表公司之董事，違反公司法第230條第1項規定不為（財務報表及盈餘分派或虧損撥補之決議）分發者，處新臺幣1萬元以上5萬元以下罰鍰。（公§230Ⅳ）

三 責任解除

各項表冊經股東會決議承認後，視為公司已解除董事及監察人之責任。但董事或監察人有不法行為者，不在此限。（公§231）

實務案例 華碩更換會計師事

　　疑似同業施壓，華碩公司董事會通過，自2010年第 3 季起更換委託簽證之會計師事務所，由原來的安侯建業會計師事務所更換為資誠會計師事務所，華碩為了避免影響投資大眾的信心，對此更換簽證會計師的舉動也大規模地召開說明。

實務案例 和旺公司會計師終止委任

　　和旺公司於2015年間，因為放出不確實的市場消息，又發生跳票、違約交割、帳務不清等事件，股票一蹶不振，5月13日停止櫃檯買賣。連會計師都在關鍵時刻，主動終止委任。

四 分配股息紅利

　　公司非彌補虧損及依本法規定提出法定盈餘公積後，不得分派股息及紅利。（公§232Ⅰ）公司無盈餘時，不得分派股息及紅利。（公§232Ⅱ）

　　公司負責人違反公司法第232條第1項或第2項規定分派股息及紅利時，各處1年以下有期徒刑、拘役或科或併科新臺幣6萬元以下罰金。（公§232Ⅲ）公司違反前條規定分派股息及紅利時，公司之債權人，得請求退還，並得請求賠償因此所受之損害。（公§233）

　　股息及紅利之分派，除本法另有規定外，以各股東持有股份之比例為準。（公§235）

五 開始營業前分派股息

　　公司依其業務之性質，自設立登記後，如需2年以上之準

備，始能開始營業者，經主管機關之許可，得依章程之規定，於開始營業前分派股息。（公§234 I）

前項分派股息之金額，應以預付股息列入資產負債表之股東權益項下，公司開始營業後，每屆分派股息及紅利超過實收資本額百分之六時，應以其超過之金額扣抵沖銷之。（公§234 II）

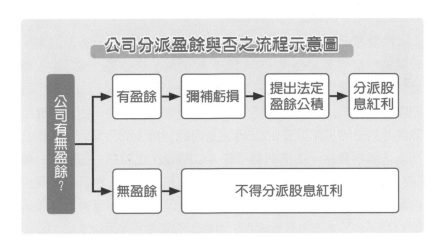

股息紅利分派表（以持股比例）

分配股東之 股息紅利100萬	股東A	持股比例30%	分配金額 30萬
	股東B	持股比例50%	分配金額 50萬
	股東C	持股比例20%	分配金額 20萬

（本範例不計算員工分配紅利）

六 盈餘分派的規定

配股配息，一般來說其來源有二，分成「盈餘配股」與「公積配股」。所謂「盈餘配股」，是指賺了錢，就把賺來的錢分配給股東；至於所謂「公積配股」，則是指公司沒有賺錢，也許是為了安撫股東之情緒，過去因為賺很多錢，也提撥很多公積，將達到一定比例的公積拿出來分給股東。

什麼是公積，一家公司賺了錢如果又「全部」分派給股東，股東固然覺得非常高興，但對於公司而言，未必是一件好事。畢竟國際金融環境變化莫測，如果遭遇什麼風險，例如2008年金融海嘯，或歐債、美債的問題，都很可能造成企業經營困難，甚至於倒閉的風險，尤其是2008年金融海嘯，造成資金緊縮，許多公司無法籌措資金，造成週轉不靈，倒閉者比比皆是，也產生一種「現金為王」的投資氣氛。有些照顧員工之企業，為感謝共同打拼員工之辛勞，只要平時儲備的公積充足，即可有足夠的錢發薪水：即便公司2年內沒有收入，還有足夠資金可發薪水2年，絕不會採無薪假的措施。

所以，公積就好像是把賺來的錢提撥一部分存在存款戶頭裡面，不要全部分派給股東，但是如果提撥太多，也沒什麼用，反而成為閒置資金，也會影響股東權益報酬率。依據公司法之規定，如果超過實收資本額的百分之五十，例如資本額100億元，已經提撥了51億元，公司又剛好沒有盈餘，就可以把那超過實收資本額百分之五十（50億元）的部分，也就是多出來的1億元配股配息，分派給股東，讓共體時艱的股東，還是能感受到投資的成果。

以下舉信○股份有限公司近幾年的股利政策為參考：

股利政策　　單位：元					
年 度	現金股利	盈餘配股	公積配股	股票股利	合 計
105	0.70	0.00	0.00	0.00	0.70
104	1.00	0.30	0.00	0.30	1.30
103	2.60	2.20	0.00	2.20	4.80
102	1.50	0.80	0.00	0.80	2.30
101	2.00	0.60	0.00	0.60	2.60

（引自雅虎奇摩網站）

信○公司主要是以房屋仲介收費為主要收益，近幾年來因為房地產景氣不佳，實質交易降低，營收獲利自然變差，再加上不斷地配股，使得股本愈來愈大，財務數據自然不佳，股價當然不斷破底。

讓我們看一下每股盈餘（EPS）的公式：

$$EPS= \frac{公司賺的錢}{公司發行的股票數量}$$

換言之，分子沒有成長甚至於變低，分母卻不斷變大，每股盈餘（EPS）的數據自然不佳，股價在2015年開始自然轉差。

公司法第240條第1項規定：「公司得由有代表已發行股份總數三分之二以上股東出席之股東會，以出席股東表決權過半數之決議，將應分派股息及紅利之全部或一部，以發行新股方式為之；不滿一股之金額，以現金分派之。」

七 員工分紅費用化之發展

依據商業會計法第64條規定：「商業對業主分配之盈餘，不得作為費用或損失。但具負債性質之特別股，其股利應認列為費用。」

所以，以前對於員工分紅，在會計上之處理，視為盈餘分配，而非費用。可是這樣子的結果，導致員工的薪資支出過於低估，會計處理及財務報表表達未與國際接軌。換言之，就是看起來賺很多，實際上扣除掉分配員工之部分，股東拿到的部分卻很少。

為此，經濟部針對員工分紅之會計處理，參考國際會計準則之規定，認為條文中的「業主」並沒有包含員工，所以員工分紅應列為費用，並自2008年1月1日起生效。

可是公司要怎麼將員工分紅列為費用，雖然不是本文說明的重點，但還是稍微提一下。基本上有賺錢，代表全公司齊力一心，當然可以分紅；沒賺錢，沒讓員工享無薪假就已經不錯了，分紅是在作夢喔！所以有固定比例提撥員工分紅，就照固定比例提列，例如8%；如果沒有的話，就只能預估一下。

八 分了紅利要繳稅

以前分了紅利很高興，現在不但公司不會編列很多，更因為收到了紅利，已經被視為工作上的酬勞而要繳稅，使得員工不會再那麼期待分紅，尤其是高科技產業，很難透過股票分紅來吸引人才，沒有了人才，或許會影響產業的競爭力。以前有人戲稱某鴻X公司員工分紅，是依據尿的顏色來決定，這種玩笑話恐怕不再復見。因為既然沒了吸引力，還不如到傳統產業，一樣很賺錢，這也是近年來傳統產業之股票逐漸受到青睞的原因之一。

九 企業獲利大幅減少，影響股價？

在舊的制度中，假設台積電淨利為900億元，但用新的制度來計算，可能會減為720億元，可能使淨利減少大約兩成。（參照蔡君琪，淺談員工分紅費用化議題）

以電子產業A公司為例，每年提撥稅後純益的15%作為員工分紅的費用，並逐季攤提，依據不同屬性的員工，將分別反映在「人事成本」與「研發成本」兩個項目，對「毛利率」與「營業利益率」分別產生影響。

簡單來說，員工分紅費用化將導致成本增加、利潤減低。股票又以市價課稅，員工也是哀哀叫，難以再用股票分紅吸引人才。但是，相信有辦法的企業，還是會想辦法找出各種方式來獎勵員工，例如加薪、專案獎金、甚至於老闆薪資信託，用孳息分給優秀員工等方法，將這些錢激勵與吸引優質的員工，避免好的員工流失。

除了無法吸引員工外，則有成本增加、企業財務報表變得不太賺錢的雙重角度來看，股票好像該下跌。可是從另外一個角度觀察，過去「肥了員工，瘦了股東」，看似賺了一大堆錢，結果都被員工分走，股東反而只吃得到碗中留下的殘渣，尤其是電子科技產業，這種員工分紅的做法向來為人所詬病。現在只要解決吸引優質員工的問題，讓產業持續具有競爭力，相信反而更能夠吸引投資者，並使股價維持上升。

相關考題

下列有關員工權利之敘述，何者正確？ (A)員工分配紅利之成數，由董事會定之 (B)員工取得認股權憑證，不得轉讓 (C)員工分紅取得之股份，公司得限制在一定期間內不得轉讓 (D)公司發行新股時，應保留百分之二十由員工優先認購 (E)公營事業經該公營事業之主管機關專案核定者，得保留發行新股由員工承購；其保留股份，不得超過發行新股總數百分之十。 【100普考-法學知識與英文】	(E) 後更正答案為「一律給分」

➕ 公積之概念

　　什麼是公積？簡單來說，法定盈餘公積像是法律強迫公司儲蓄，為了讓公司有足夠的錢，可以應付一切的債務，也能讓公司營運上有充足的資金，以符合資本維持原則。至於特別盈餘公積，法律則沒有規定，透過公司得以章程訂定或股東會議決，自行所提出，如同法律除了強迫我投保強制第三人責任險，我自己還加保任意第三人責任險。當公積達到一定金額時，資本業已符合法律上之要求，就可以進行更彈性的運用，例如撥充資本、發給新股給股東。

➕ 公積之提出

　　公司於完納一切稅捐後，分派盈餘時，應先提出百分之十為法定盈餘公積。但法定盈餘公積，已達資本總額時，不在此限。（公§237 I）除前項法定盈餘公積外，公司得以章程訂定或股東會議決，另提特別盈餘公積。（公§237 II）公司負責人違反第1項規定，不提法定盈餘公積時，各科新臺幣6萬元以下罰金。（公§237 III）

➕ 公積之用途

　　法定盈餘公積及資本公積，除填補公司虧損外，不得使用之。但第241條規定之情形，或法律另有規定者，不在此限。（公§239 I）公司非於盈餘公積填補資本虧損，仍有不足時，不得以資本公積補充之。（公§239 II）

　　此一規定主要是為了符合資本維持原則之目的，讓企業能夠有足夠的資金填補虧損，面對各種危難與挑戰。不會因為資金全部投資殆盡，或者是全部都分派股息紅利，而缺乏應變的資金。

⓭ 公積撥充資本

公司無虧損者，得依前條1項至第3項所定股東會決議之方法，將法定盈餘公積及下列資本公積之全部或一部撥充資本，按股東原有股份之比例發給新股或現金：（公§241 I）

㈠超過票面金額發行股票所得之溢額。

㈡受領贈與之所得。

前（240）條第4項、第5項之規定，於前（1）項準用之。（公§241 II）以法定盈餘公積發給新股或現金者，以該項公積已達實收資本百分之二十五之部分為限。（公§241 III）（公司法第240條請參照本書第196頁）

⓮ 檢查人檢查公司業務帳目及財產

繼續6個月以上，持有已發行股份總數百分之一以上之股東，得檢附理由、事證及說明其必要性，聲請法院選派檢查人，於必要範圍內，檢查公司業務帳目、財產情形、特定事項、特定

之交易文件及紀錄。（公§245Ⅰ）法院對於檢查人之報告認為必要時，得命監察人召集股東會。（公§245Ⅱ）對於檢查人之檢查有規避、妨礙或拒絕行為者，或監察人不遵法院命令召集股東會者，處新臺幣2萬元以上10萬元以下罰鍰。再次規避、妨礙、拒絕及不遵守法院命令召集股東會者，並按次處罰。（公§245Ⅲ）

🔟 配股：全部或一部發行新股方式

公司得由有代表已發行股份總數三分之二以上股東出席之股東會，以出席股東表決權過半數之決議，將應分派股息及紅利之全部或一部，以發行新股方式為之；不滿1股之金額，以現金分派之。（公§240Ⅰ）

公開發行股票之公司，出席股東之股份總數不足前項定額者，得以有代表已發行股份總數過半數股東之出席，出席股東表決權三分之二以上之同意行之。（公§240Ⅱ）

前二項出席股東股份總數及表決權數，章程有較高規定者，從其規定。（公§240Ⅲ）

依本條發行新股，除公開發行股票之公司，應依證券主管機關之規定辦理者外，於決議之股東會終結時，即生效力，董事會應即分別通知各股東，或記載於股東名簿之質權人。（公§240Ⅳ）

公開發行股票之公司，得以章程授權董事會以三分之二以上董事之出席，及出席董事過半數之決議，將應分派股息及紅利之全部或一部，以發放現金之方式為之，並報告股東會。（公§240Ⅴ）

六 新創公司股價崛起，老牌企業走勢牛皮

這段話該如何解讀呢？

基本上新的公司股本通常不大，5億、10億，多一點30億、50億，股本小的公司，容易被炒作，「今週刊」第724期曾經報導一家「佳必琪」公司，民國100年時其股本16億多，股本不大，大約是1億6千股，也就是16萬張股票。炒家只要投入少許資金，就可以達到炒熱氣氛的目的。

該公司的起漲點是95年底，當時的股本應該更低，才花1年不到的時間，就從50元左右漲到180元左右。該公司股票1天1萬張的量算是常見，2萬張也不在少數，市場交易量幾乎占股本的10%，甚至於20%，相當驚人。

如果以每股50元的價格（每張5萬元）計算，1天5千張的交易量，就是2.5億元的交易量，只要分析師有追隨的股民，稍微喊一下，這種交易量輕鬆可以達成，每日交易量占股本極高的比例，很容易讓股價快速攀升。所以，小股本的公司很容易炒作，但炒過了頭，牛皮一定會被吹破。

相較於千億股本的台積電，這種又老又大的牛皮，要吹破還真不容易，以5千張的成交量來看，可能占佳必琪公司的3%，但是卻僅占台積電2千5百多億元股本（2千5百萬張）的0.02%，股價可能很難有大幅度飆漲感覺。所以，像是2010年底到2011年初，台積電動輒上萬張，股價也大概頂多1塊左右的變動。但是，如果大家都看好台積電的股票，使得大家都不願意賣，而買盤又不斷湧入，還是可以吹得起這種牛皮股。

🔟 股本為什麼會膨脹？

高科技早年賺了錢，因為還是要繼續投資設廠，例如台積電要蓋晶圓廠，隨便一間晶圓廠動輒也要幾百億元，很貴的。所以公司未來的發展需要錢，賺的盈餘要分配給股東與員工，就以配股的方式取代配息，也就是所謂的股票股利取代現金股利。

回想看看，台積電、鴻海都曾經上百元，華碩更曾經漲到890元，連現在股價10～20元上下的英業達，還曾經高達428元。等到公司股本一膨脹，賺的錢如果沒有什麼增長，代表分的人卻更多，股東權益當然會有所傷害，沒有成長性的股票，當然就不會飆漲，也就回歸到「樸實股價」的面貌。

🔟 配股不配息，可能代表有發展

產業願意花大筆錢開發新事業，譬如晶圓代工廠一代廠、二代廠，發展到三代廠以上，代表隨著科技的發展與需求，有生產更優質晶圓的必要。所以，不發現金，卻發股票的盈餘分配方式，可能代表公司要將錢花在未來發展上，或許正代表著公司有發展；而且不必對外借錢，利息也可以省下來不少。

可是持續發展不代表有未來，假設面板廠已經達到飽和，為了不成為最不具競爭力而被淘汰的業者，「不得已」只好不斷擴廠，開發更大尺寸的面板，可是預期的獲利卻非常低，這種發展恐怕就不是「有未來」的發展，只能說是一種不得已的擴廠。不擴廠，產業一定倒；擴廠，產業成功的機會也非常低，只要景氣一反轉，就可能面臨鉅額虧損，這就是科技業風險所在。

總之，如果你想要短期之內有相對爆發性的漲勢，一定要記得看一下「股本」。如果股本已經很大，但是股票價格還是很高，

可能就要列為投資清單上的拒絕往來戶。但也不是絕對，例如台積電的股本雖然很大，發展卻很穩健，也是外資相當喜歡的投資標的；如果價格很低，加上其他表現尚堪穩定，買個幾張放著，低利時代，又能有較高的配股配息，每年參與除權息，或許是另外一種相對穩當的選擇。

相關考題

下列關於股份有限公司發行新股之敘述，何者錯誤？ (A)股份有限公司章程所訂之資本額可分次發行 (B)公開發行股票之公司，其發行之股份得免印製股票，但應向證券集中保管事業登錄該次發行之內容 (C)為使公司有充足之現金可供使用，分派盈餘時，只要經股東會普通決議，即可發給股東股票股利 (D)公開發行股票之公司發行限制員工權利新股者，由於排除股東優先認股權，故應先經股東會特別決議後，始得為之 【103四等地特-法學知識與英文】	(C)
非公開發行公司之下列何一股東會決議事項，無須經代表已發行股份總數3分之2以上股東出席，以出席股東表決權過半數之同意行之？ (A)公司法第240條第1項的盈餘轉增資 (B)公司法第241條第1項的公積轉增資 (C)公司法第168條的減資 (D)公司法第277條第1項、第2項的變更章程 【112普考-法學知識與英文】	(C)

解析：

(A)公司法第240條第1項：「公司得由有代表已發行股份總數三分之二以上股東出席之股東會，以出席股東表決權過半數之決議，將應分派股息及紅利之全部或一部，以發行新股方式爲之；不滿一股之金額，以現金分派之。」

(B)公司法第241條第1項：「公司無虧損者，得依前(240)條第一項至第三項所定股東會決議之方法，將法定盈餘公積及下列資本公積之全部或一部，按股東原有股份之比例發給新股或現金：一、超過票面金額發行股票所得之溢額。二、受領贈與之所得。」

(C)公司法第277條第1、2項：「公司非經股東會決議，不得變更章程。前項股東會之決議，應有代表已發行股份總數三分之二以上之股東出席，以出席股東表決權過半數之同意行之。」

宸鴻案

　　觸控面板大廠F-TPK宸鴻（3673）股利政策出爐，民國99年宸鴻每股大賺23.83元，市場先前預估有配發10元以上現金實力，但100年4月18日公告卻僅配發0.5元股票股利，引起市場譁然，讓部分股東心生不滿，也與傳統習慣於配股息的市場生態有所不同。

　　對於市場反應，宸鴻公司表示過去配發高額股票股利，是臺灣資本市場的陋習，為了重新樹立公司治理的典範，才會改變配股配息的政策。畢竟觸控產業正值高速成長期，且屬於重資本支出產業，為了追求成長必須要大幅擴充，因此希望能夠保留現金，而不是有賺錢就將錢分配給股東。畢竟如果把錢分配給股東，讓公司欠缺現金可供運用，反而需要支付高額的利息來對外界款，未必對於公司是正面的營運策略。有分析師持正面態度，認為需要大量資金投入下一代製程，低股息的策略是可以為人所接受的。

　　對臺灣上市櫃公司來說，企業賺了錢，要把部分的錢拿來配發股利，不論是配現金或股票。TPK卻決定把賺來的錢，主要用來擴產，不再重蹈臺灣上市櫃公司的老路，即配發股票股利、膨漲股本、現增、擴產、再膨脹股本。

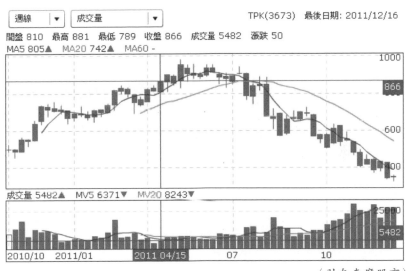

F-TPK宸鴻（3673）公司週線示意圖

週線 ▼　成交量 ▼　　　　　TPK(3673)　最後日期: 2011/12/16

開盤 810　最高 881　最低 789　收盤 866　成交量 5482　漲跌 50
MA5 805▲　MA20 742 ▲　MA60 -

成交量 5482▲　MV5 6371▼　MV20 8243▼

2010/10　2011/01　　2011 04/15　　07　　10

（引自奇摩股市）

　　從宣告股利只有配發0.5元股票股利，股價大約為860～900
元的區間，在同（100）年7月底，美債與降評危機事件前，股價
大約仍有840～850元的區間，似乎並沒有太大的影響。直到8月
初，歐債問題持續加劇，景氣受到嚴重打擊的影響下，股價逐漸
下滑，11月跌破500元，101年底雖有回彈，並於4、5月間達到
600元左右，隨後一路下滑，於104年8月跌破百元關卡。

7 公司債

一 公司債之概念

　　簡單來說，公司債就是公司向他人借錢。而政府向他人借錢，就是政府公債。企業除了一開始的股東出資外，還可透過增資的方式再向股東要求投資，也可以發行公司債，向他人借錢，這些都是企業募集資金的管道。

二 公司債募集之程序

　　公司經董事會決議後，得募集公司債。但須將募集公司債之原因及有關事項報告股東會。（公§246Ⅰ）前項決議，應由三分之二以上董事之出席，及出席董事過半數之同意行之。（公§246Ⅱ）公司於發行公司債時，得約定其受償順序次於公司其他債權。（公§246-1）所以投資公司債是有風險存在，也許公司沒錢還各種債務時，還必須等待償還其他債務後，才輪得到公司債。

　　公開發行股票之公司債之總額，不得逾公司現有全部資產減去全部負債後之餘額。（公§247Ⅰ）假設一家公司有100萬的資產，可是負債50萬元，扣除掉之後，就是剩下的50萬元，對外借錢不能超過50萬元。

　　無擔保公司債之總額，不得逾前項餘額二分之一。（公§247Ⅱ）無擔保公司債對於債權人更沒有保障，為了避免借款太多，影響公司償債能力。以上開例子來說，無擔保公司債不能超過15萬元。

三 公司債申請載明事項

公司發行公司債時，應載明下列事項，向證券主管機關辦理之：（公§248 Ⅰ）

㈠公司名稱。
㈡公司債總額及債券每張之金額。
㈢公司債之利率。
㈣公司債償還方法及期限。
㈤償還公司債款之籌集計畫及保管方法。
㈥公司債募得價款之用途及運用計畫。
㈦前已募集公司債者，其未償還之數額。
㈧公司債發行價格或最低價格。
㈨公司股份總數與已發行股份總數及其金額。
㈩公司現有全部資產，減去全部負債後之餘額。
(十一)證券主管機關規定之財務報表。
(十二)公司債權人之受託人名稱及其約定事項。公司債之私募不在此限。
(十三)代收款項之銀行或郵局名稱及地址。
(十四)有承銷或代銷機構者，其名稱及約定事項。
(十五)有發行擔保者，其種類、名稱及證明文件。
(十六)有發行保證人者，其名稱及證明文件。
(十七)對於前已發行之公司債或其他債務，曾有違約或遲延支付本息之事實或現況。
(十八)可轉換股份者，其轉換辦法。
(十九)附認股權者，其認購辦法。
(二十)董事會之議事錄。
(二十一)公司債其他發行事項，或證券主管機關規定之其他事項。

四 公司債之私募

公司可以向特定人借款，這些特定人可以用較優惠的條件來購買公司債，如果看好借款公司的未來，甚至於在可轉換公司債的情況，以特定價格轉換成股票或可以加認購股票，成為公司股東而有機會介入公司營運。

由於應募者只限於少數之特定人，不若公開承銷涉及層面之廣大，應在規範上予以鬆綁，又配合公司法第156條修正，將公司股票是否公開發行歸屬於企業自治事項，故私募之發行不必受限於上市、上櫃或公開發行公司。發行前之平均淨利不能保證公司未來之獲利，應依各應募人主觀之認定由其自行承擔投資風險，不需硬性規定平均淨利百分比，亦不必於發行前向主管機關申請或交由其事前審查，只需於發行後備查。使公司在資金募集的管道上更多元化。所以現行規定「普通公司債、轉換公司債或附認股權公司債之私募不受第249條第2款及第250條第2款之限制，並於發行後15日內檢附發行相關資料，向證券主管機關報備；私募之發行公司不以上市、上櫃、公開發行股票之公司為限。」（公§248Ⅱ）

前項私募人數不得超過35人。但金融機構應募者，不在此限。（公§248Ⅲ）公司就第1項各款事項有變更時，應即向證券主管機關申請更正；公司負責人不為申請更正時，由證券主管機關各處新臺幣1萬元以上5萬元以下罰鍰。（公§248Ⅳ）

五 超過股份總數

第1項第18款之可轉換股份數額或第19款之可認購股份數額加計已發行股份總數、已發行轉換公司債可轉換股份總數、已發行附認股權公司債可認購股份總數、已發行附認股權特別股可

認購股份總數及已發行認股權憑證可認購股份總數,如超過公司章程所定股份總數時,應先完成變更章程增加資本額後,始得為之。(公§248Ⅶ)

公司依前條第2項私募轉換公司債或附認股權公司債時,應經第246條董事會之決議,並經股東會決議。但公開發行股票之公司,證券主管機關另有規定者,從其規定。(公§248-1)

宸鴻案

宸鴻公司完成4億美元海外無擔保可轉換公司債訂價,此3年期、票面利率0%、到期贖回殖利率0%的可轉換公司債將在103年到期,轉換溢價32%,轉換價格訂為1071.84元,創上市櫃公司發行ECB最高轉換價。

公司目前資金不夠,要發一筆公司債,是否願意投入資金?

如果是可以轉換成股票,到時候能參與公司經營,就願意投資。

董事長　　金主

相關考題　公司債

公司募集公司債須經下列何種程序?　(A)董事會特別決議　(B)股東會普通決議　(C)股東會特別決議　(D)會計師同意 【100地方特考五等經建行政 - 法學大意】	(A)

六 不得發行無擔保公司債

債信不良者，就必須限制其發行無擔保公司債，以免傷害市場投資者，此依規定在公司法第249條（無擔保公司債）及第250條之規定。

(一)不得發行無擔保公司債

公司有下列情形之一者，不得發行無擔保公司債：

1. 對於前已發行之公司債或其他債務，曾有違約或遲延支付本息之事實已了結，自了結之日起3年。（公§249①）以前已經有債務違約等不良紀錄，若是已經了結，且只要有提供擔保，就可以發行公司債。但是如果沒有提供擔保，就不能發行無擔保公司債。新修正增加3年之期間，一方面有懲罰先前違約或遲延支付本息之行為另一方面，至少經過3年休養生息，企業營運才能回歸正軌。

2. 最近3年或開業不及3年之開業年度課稅後之平均淨利，未達原定發行之公司債，應負擔年息總額之百分之一百五十者。（公§249②）如果勉強支付年息總額之百分之一百，則利率稍為調高，恐怕就付不出利息，所以本法規定為百分之一百五十。

(二)不得發行公司債之情形

如果發行公司的債信更差，無論是有擔保或無擔保，只要是公司債都不得發行。

公司有左列情形之一者，不得發行公司債：

1. 對於前已發行之公司債或其他債務有違約或遲延支付本息之事實，尚在繼續中者。（公§250①）不但違約而且狀況依舊持續中，即便發行有擔保公司債，對於債權人之風險依舊相當高，所以無論是有擔保或無擔保都不能發行。

2. 最近3年或開業不及3年之開業年度課稅後之平均淨利，未達原定發行之公司債應負擔年息總額之百分之一百者。但經銀行保證發行之公司債不受限制。（公§250②）

　　資本密集之重工業或新創之大企業，建廠期間長達數年，所需資金龐大，投資報酬率亦較低，所需資金，如以向國外發行公司債方式代替國外貸款，因公司債還款期限較貸款長，利息亦較貸款為低，可減少向國外支付鉅額利息，減輕公司財務結構，降低產品成本，並撙節國家外匯支出，但因限於本條第2款之限制，常可能無法向國外發行公司債以籌措所需資金，爰於公司法第250條第2款增列但書規定，以資適應，蓋因發行之公司債經銀行擔保，對債權人權益，已可獲得保障無虞。

不得發行公司債之情形（公§250）

類型一

貴公司上次欠的錢都還沒還，這次又想要發公司債借錢，不准。

董事長　　主管機關

前已發行之公司債或其他債務有違約或遲延支付本息之事實，尚在繼續中。

類型二

本公司賺的錢實在太少，連公司債1年預定要給付的利息都不夠。

董事長

最近3年或開業不及3年之開業年度課稅後之平均淨利，未達原定發行之公司債應負擔年息總額之百分之一百者。

七 公司債違法或虛偽之撤銷

公司發行公司債經核准後，如發現其申請事項，有違反法令或虛偽情形時，證券主管機關得撤銷核准。（公§251 Ⅰ）

為公司法第251條第1項之撤銷核准時，未發行者，停止募集；已發行者，即時清償。其因此所發生之損害，公司負責人對公司及應募人負連帶賠償責任。（公§251 Ⅱ）

公司法第135條第2項規定，於本條第1項準用之。（公§251 Ⅲ）所謂公司法第135條第2項規定，是指「發起人有前項第2款情事時（申請事項有變更，經限期補正而未補正者），由證券主管機關各處新臺幣2萬元以上10萬元以下罰鍰。」換言之，即申請事項變更，限期補正而未補正者，得撤銷核准。

八 核准後之募集

公司發行公司債之申請經核准後，董事會應於核准通知到達之日起30日內，備就公司債應募書，附載公司法第248條第1項各款事項，加記核准之證券主管機關與年、月、日、文號，並同時將其公告，開始募集。但公司法第248條第1項第11款之財務報表，第12款及第14款之約定事項，第15款及第16款之證明文件，第20款之議事錄等事項，得免予公告。（公§252 Ⅰ）超過前項期限未開始募集而仍須募集者，應重行申請。（公§252 Ⅱ）代表公司之董事，違反第1項規定，不備應募書者，由證券主管機關處新臺幣1萬元以上5萬元以下罰鍰。（公§252 Ⅲ）

應募人應在應募書上填寫所認金額及其住所或居所，簽名或蓋章，並照所填應募書負繳款之義務。（公§253 Ⅰ）應募人以現金當場購買無記名公司債券者，免填前項應募書。（公§253 Ⅱ）公司債經應募人認定後，董事會應向未交款之各應募人請求繳足其所認金額。（公§254）

　　董事會在實行前條請求前，應將全體記名債券應募人之姓名、住所或居所暨其所認金額，及已發行之無記名債券張數、號碼暨金額，開列清冊，連同公司法第248條第1項各款所定之文件，送交公司債債權人之受託人。（公§255Ⅰ）前項受託人，為應募人之利益，有查核及監督公司履行公司債發行事項之權。（公§255Ⅱ）

　　公司為發行公司債所設定之抵押權或質權，得由受託人為債權人取得，並得於公司債發行前先行設定。（公§256Ⅰ）受託人對於前項之抵押權或質權或其擔保品，應負責實行或保管之。（公§256Ⅱ）

　　公司債之債券應編號載明發行之年、月、日及第248條第1項第1款至第4款、第18款及第19款之事項，有擔保、轉換或可認購股份者，載明擔保、轉換或可認購字樣，由代表公司之董事簽名或蓋章，並經依法得擔任債券發行簽證人之銀行簽證後發行之。（公§257Ⅰ）

　　有擔保之公司債除前項應記載事項外，應於公司債正面列示保證人名稱，並由其簽名或蓋章。（公§257Ⅱ）鑒於公司發行擔保公司債，所委任保證人之信用，亦為發行條件之主要內容，為促使該保證達到公示效果。

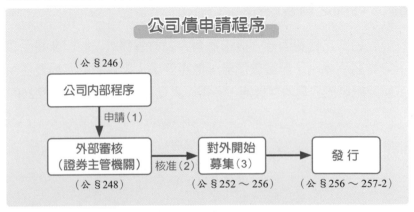

公司債申請程序

（公§246）
公司內部程序
↓申請(1)
外部審核（證券主管機關）（公§248）
→核准(2)→
對外開始募集(3)（公§252～256）
→
發行（公§256～257-2）

九 無實體發行

公司發行之公司債,得免印製債票,並應洽證券集中保管事業機構登錄及依該機構之規定辦理。(公§257-2 I)

經證券集中保管事業機構登錄之公司債,其轉讓及設質應向公司辦理或以帳簿劃撥方式為之,不適用第260條及民法第908條之規定。(公§257-2 II)

前項情形,於公司已印製之債券未繳回者,不適用之。(公§257-2 III)

十 公司債款之使用

公司募集公司債款後,未經申請核准變更,而用於規定事項以外者,處公司負責人1年以下有期徒刑、拘役或科或併科新臺幣6萬元以下罰金,如公司因此受有損害時,對於公司並負賠償責任。(公§259)例如原本要蓋廠房,結果拿去當作CEO的獎金,則應加以科處刑罰之責任。

十一 公司債之背書轉讓

記名式之公司債券,得由持有人以背書轉讓之。但非將受讓人之姓名或名稱,記載於債券,並將受讓人之姓名或名稱及住所或居所記載於公司債存根簿,不得以其轉讓對抗公司。(公§260)

🔢 可轉換公司債

公司債約定得轉換股份者，公司有依其轉換辦法核給股份之義務。但公司債債權人有選擇權。（公§262Ⅰ）公司債附認股權者，公司有依其認購辦法核給股份之義務。但認股權憑證持有人有選擇權。（公§262Ⅱ）

可轉換公司債是目前企業常使用的籌資工具，簡單來說，它就是一個債券附上一個認股權，當股價超越公司債的轉換價格時，投資人可以選擇把手上的公司債依據較低的轉換價格轉換成股票，而公司也因此減少負債，並將負債資本化。

舉個例子來說，華碩一（23571）是華碩公司所發行的一檔可轉換公司債，發行條件是面額10萬元，轉換溢價率130.5%，轉換價格105.4元（訂價日參考股價為80.7元），票面利率為0%，有向下重設與反稀釋條款，滿3年與4年之賣回收益率為0%，5年到期收益率也是0%。

看起來利率都是0%，為何會有人願意投資呢？

而且轉換價格105.4元，比現行的股票價格還高，為何不買現股呢？簡而言之，買現股有跌價的風險，此一公司債雖然沒有一般所謂的利息，甚至於賣回收益率為0%，但是至少可以要求公司還回原本所借的金額。所以，此種公司債獲利的切入點，在於看好這家公司未來的股價，如果大漲了，還可以用轉換價格變更為股票。不過，就怕公司虧損連連，變成與DRAM產業一樣慘，連錢恐怕都拿不出來還了。

🔢 公司債債權人會議

發行公司債之公司，公司債債權人之受託人，或有同次公司債總數百分之五以上之公司債債權人，得為公司債債權人之共同利害關係事項，召集同次公司債債權人會議。（公§263Ⅰ）

前項會議之決議，應有代表公司債債權總額四分之三以上債權人之出席，以出席債權人表決權三分之二以上之同意行之，並按每一公司債券最低票面金額有一表決權。（公§263Ⅱ）

無記名公司債債權人，出席公司法第263條第1項會議者，非於開會5日前，將其債券交存公司，不得出席。（公§263Ⅲ）

🔢 債權人會議之效力與認可

前條債權人會議之決議，應製成議事錄，由主席簽名，經申報公司所在地之法院認可並公告後，對全體公司債債權人發生效力，由公司債債權人之受託人執行之。但債權人會議另有指定者，從其指定。（公§264）

公司債債權人會議之決議，有左列情事之一者，法院不予認可：（公§265）

　㈠召集公司債債權人會議之手續或其決議方法，違反法令或應募書之記載者。

　㈡決議不依正當方法達成者。

　㈢決議顯失公正者。

　㈣決議違反債權人一般利益者。

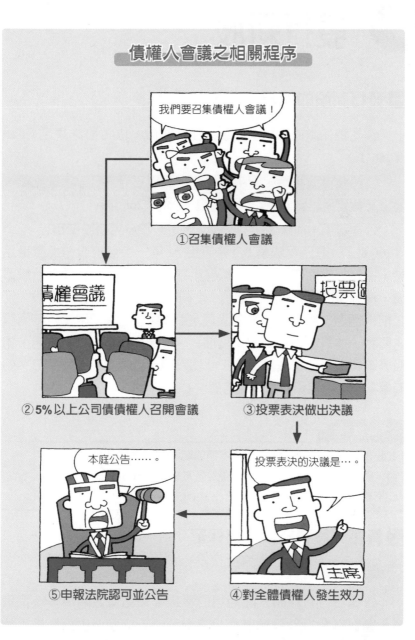

債權人會議之相關程序

我們要召集債權人會議！

①召集債權人會議

②**5%**以上公司債債權人召開會議

③投票表決做出決議

本庭公告……。

投票表決的決議是…。

主席

⑤申報法院認可並公告

④對全體債權人發生效力

8 發行新股

一 發行新股的種類

公司依第156條第4項分次發行新股，依本節之規定。（公§266 I）

公司發行新股時，應由董事會以董事三分之二以上之出席，及出席董事過半數同意之決議行之。（公§266 II）

公司法第141條、第142條之規定，於發行新股準用之。（公§266 III）所謂公司法第141條規定：「第一次發行股份總數募足時，發起人應即向各認股人催繳股款，以超過票面金額發行股票時，其溢額應與股款同時繳納。」同法第142條規定：「認股人延欠前條應繳之股款時，發起人應定1個月以上之期限催告該認股人照繳，並聲明逾期不繳失其權利。發起人已為前項之催告，認股人不照繳者，即失其權利，所認股份另行募集。前項情形，如有損害，仍得向認股人請求賠償。」

相關考題

在股份有限公司的章程所定資本額的範圍內，增加公司實收資本額，需要經那一個公司內部機關的同意？ (A)董事會 (B)股東會 (C)監察人 (D)經理人 【96三等民航特考-法學知識】	(A)

二 員工與股東認股權之保留

(一)員工保留

公司發行新股時，除經目的事業中央主管機關專案核定者外，應保留發行新股總數百分之十至十五之股份由公司員工承

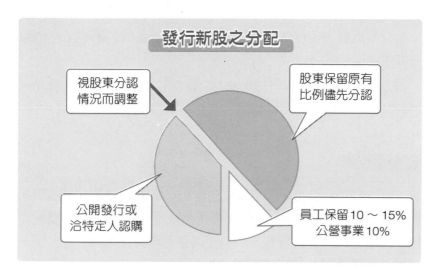

發行新股之分配

視股東分認情況而調整

股東保留原有比例儘先分認

公開發行或洽特定人認購

員工保留 10～15%
公營事業 10%

購。（公§267 I）公營事業經該公營事業之主管機關專案核定者，得保留發行新股由員工承購；其保留股份，不得超過發行新股總數百分之十。（公§267 II）公司法第267條第1項、第2項所定保留員工承購股份之規定，於以公積抵充，核發新股予原有股東者不適用之。（公§267 V）換言之，如果是以公積抵充，核發新股予原有股東的情況，並不須要保留給員工。

公司發行限制員工權利新股者，不適用第1項至第6項之規定，應有代表已發行股份總數三分之二以上股東出席之股東會，以出席股東表決權過半數之同意行之。（公§267 IX）

公開發行股票公司之出席股東之股份總數不足前項定額者，得以有代表已發行股份總數過半數股東之出席，出席股東表決權三分之二以上之同意行之。（公§267 X）

公開發行股票之公司依前三項規定發行新股者，其發行數量、發行價格、發行條件及其他應遵行事項，由證券主管機關定之。（公§267 XII）

公司負責人違反第1項規定者，各處新臺幣2萬元以上10萬元以下罰鍰。（公§267ⅩⅢ）

公司對員工依公司法第267條第1項、第2項承購之股份，得限制在一定期間內不得轉讓。但其期間最長不得超過2年。（公§267Ⅵ）

(二)股東保留

公司發行新股時，除依公司法第267條第1、2項保留者外，應公告及通知原有股東，按照原有股份比例儘先分認，並聲明逾期不認購者，喪失其權利；原有股東持有股份按比例不足分認一新股者，得合併共同認購或歸併1人認購；原有股東未認購者，得公開發行或洽由特定人認購。（公§267Ⅲ）

(三)認購權之轉讓

公司法第267條第1至3項新股認購權利，除保留由員工承購者外，得與原有股份分離而獨立轉讓。（公§267Ⅳ）

(四)排除適用之情況

本條規定，對因合併他公司、分割、公司重整或依第167-2條、第235-1條、第262條、第268-1條第1項而增發新股者，不適用之。（公§267Ⅷ）增列公司依重整計畫發行新股時，也可以排除員工及原有股東的優先承購權。因此，未來其要法院裁定准予公司重整，而重整公司關係人會議通過重整計畫發行新股，重整人即可依計畫內容逕行尋求認購者，無需再費時探詢公司員工及原有股東是否優先承購，藉以彰顯社會正義，同時也提高債權人及投資者的投資意願，俾利重整程序的進行。

實務案例 中信金聲請私募案

中信金25億股票私募案，因金管會認爲私募案的原因，應該僅限於兩種原因，其一爲公司虧損要尋找新資金；其二爲策略聯盟。否則，其他的原因都應該採取公開募集的方式。

公司法除於第268（特定人協議認購）、272條略有提到之外，其餘規定對於私募並無明確規範。因此，依據證券交易法第43-6條至第43-8條針對「有價證券之私募及買賣」設有特別之規定。其中第43-6條更明文排除公司法第267條第1至3項之規定，也就是特定對象之私募，不需要保留員工認股之比例，以及原始股東認股之優先權利。

但是只要股票私募經過股東大會一定程序之表決同意，中信金公司應於股款或公司債等有價證券之價款繳納完成日起15日內，檢附相關書件，報請主管機關「備查」，從字面上來看，並不需要主管機關的核准。（證交§43-6Ⅴ）況且，報導中所述股票私募的原因，只有虧損、策略聯盟，在條文中似乎也沒有這些限制。

股票增資：私募與公募之比較表		
型 態	私 募	一般增資
對象	特定人士	股東、員工 對外公開發行
閉鎖期間	3年 （證交§43-8）	無
價格	折價幅度大	折價幅度一般比較小

三 公開發行之發行新股

公司發行新股時，除由原有股東及員工全部認足或由特定人協議認購而不公開發行者外，應將下列事項，申請證券主管機關核准，公開發行：（公§268 I）

(一)公司名稱。

(二)原定股份總數、已發行數額及金額。

(三)發行新股總數、每股金額及其他發行條件。

(四)證券主管機關規定之財務報表。

(五)增資計畫。

(六)發行特別股者，其種類、股數、每股金額及第157條第1項第1款至第3款、第6款及第8款事項。

(七)發行認股權憑證或附認股權特別股者，其可認購股份數額及其認股辦法。

(八)代收股款之銀行或郵局名稱及地址。

(九)有承銷或代銷機構者，其名稱及約定事項。

(十)發行新股決議之議事錄。

(土)證券主管機關規定之其他事項。

公司就前項各款事項有變更時，應即向證券主管機關申請更正；公司負責人不為申請更正者，由證券主管機關各處新臺幣1萬元以上5萬元以下罰鍰。（公§268 II）

第1項、第2項規定，對於第267條第5項之發行新股，不適用之。（公§268 IV）

所謂第1、2項規定，是指申請核准公開發行之事項（第1項）及事項變更之更正（第2項），這兩項規定不適用於以公積抵充核

發新股予原有股東之情況。因為此種情況並不需要對外公開發行，自然沒有申請核准與申請事項變更的問題。

公司發行新股之股數、認股權憑證或附認股權特別股可認購股份數額加計已發行股份總數、已發行轉換公司債可轉換股份總數、已發行附認股權公司債可認購股份總數、已發行附認股權特別股可認購股份總數及已發行認股權憑證可認購股份總數，如超過公司章程所定股份總數時，應先完成變更章程增加資本額後，始得為之。（公§268Ⅴ）

公司發行認股權憑證或附認股權特別股者，有依其認股辦法核給股份之義務，不受第269條及第270條規定之限制。但認股權憑證持有人有選擇權。（公§268-1Ⅰ）第266條第2項、第271條第1項、第2項、第272條及第273條第2項、第3項之規定，於公司發行認股權憑證時，準用之。（公§268-1Ⅱ）配合公司法第268條第5項之增訂附認股權方式發行新股，尚非屬現金發行新股，自不受公司法第269條、第270條之限制；另其他相關發行新股之決議方式或限制，仍應準用之，爰增訂本條。

四 抽股票：現金增資的類型

這種抽股票的投資，只要賣的時間點對，通常就是低成本高獲利，但能不能獲利有時候要看命。基本上抽股票分兩種情況，一種是已經上市櫃公司的增資發行新股，第二種是要上市上櫃的發行新股。

(一)上市櫃公司增資發行新股

大約少一成的價格，例如市價100元，抽到就是用90元買到，拿到股票的當天，如果股價是100元，那賣掉就是一張賺10

元（相當於1萬元），風險在於這14天如果跌10元以上，你就賠了，但是2週要跌十分之一的機率比較低。

(二)興櫃轉上市櫃，須增資發行新股

興櫃的折價會比較高，通常會比市價（興櫃價格）低個二成到數倍，以兩成來說，興櫃價格100元，抽到就是用80元買到，風險在於興櫃價格有時候是炒作出來的。

以歐債危機所導致2011年8月以後的股市下跌，一路跌到2012年，在這種下跌趨勢的過程，就不適合參加現金增資的抽股票。2012年12月新股上市（櫃），大約就有七成跌破承銷價，也有很多已上市（櫃）公司的現金增資，也跌破了現增價，造成許多原股東與認購者的虧損。

上市或上櫃公司辦理現金增資發行新股，且未經依本(證券交易)法第139條第2項規定限制其上市買賣，應提撥發行新股總額之百分之十，以時價對外公開發行，不受公司法第267條第3項關於原股東儘先分認規定之限制。但股東會另有較高比率之決議者，從其決議。（發行人募集與發行有價證券處理準則§17 Ⅰ）

辦理現金增資發行新股為初次上市、上櫃公開銷售者，應準用前項規定辦理；興櫃股票公司辦理上開案件以外之現金增資發行新股者，得準用前項規定辦理。（發行人募集與發行有價證券處理準則§17 Ⅱ）

五 現金增資之定價為何比較低？

現金增資的定價一定比市場價格要低，基於差價利潤相當可觀，才會有許多人搶著認購，現金增資股票通常都要抽籤才有機會抽到；反之，如果與市場價格差不多，直接到市場購買股票即可，所以一定要有一些差價上的吸引力。

(一)為什麼股價高的時候，現金增資特別多？

股價走強，現金增資股數不需要那麼多，避免股本過度膨脹，而發生稀釋每股獲利的結果。如果稀釋情況預料過於嚴重，也會影響現金增資通過的機會。例如需要增資1千萬，每股50元，只需要20萬股；如果每股25元，則需要40萬股，後者稀釋股本的情況較為嚴重。所以，股價高的時候，當然現金增資就比較多了。

六 晨星3天跌破承銷價案

2014年，臺股呈多頭走勢，從年初的7,699點一路漲到年底的9,361點。這一段期間，海外來臺第一上市（櫃）公司初上市（櫃）共有14家，也就是F開頭的股票，經統計從第一天的收盤價至隔（2015）年6月30日（收盤為9,323點）的漲跌幅度，平均跌幅居然高達-26.77%。

結論：F開頭的股票建議不要碰。

F-再生的啟示

- 2014年4月24日，國際機構格勞克斯（Gluacus）宣稱F-再生（1337）財報不實，目標價0元。
- 4月27日稽核主管因個人生涯規劃考量而辭職，時機點頗為耐人尋味。
- 4月29日證交所總經理出面力挺F股族群。
- 4月30日，證交所赴陸查核後，並未發覺異狀。
- 5月2日，盤中證交所大幅度動作，出面證實F-再生絕無作假，使得當日股價由跌停板拉升至漲停板。
- 5月5日，金管會指出，將以證券交易法第155條，意圖影響股價散布不實消息，將相關人等移送地檢署偵辦。

讓我們看一下股價的走勢，首先要強調一點，影響股價的因素眾多，可能是大環境不景氣的因素所導致，未必都與格勞克斯（Gluacus）宣稱的相關「地雷」有關聯。

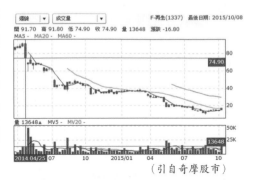

（引自奇摩股市）

從上圖可以知悉，十字交叉點為格勞克斯（Gluacus）宣稱F-再生（1337）財報不實的時點，雖然後來因為金管會的介入有小幅度上揚，隨著財報數據逐漸變差，將各季EPS列表如下：

季別	EPS	季別	EPS
2014年第1季	1.53	2015年第2季	0.13
2014年第2季	1.32	2015年第3季	0.82
2014年第3季	1.13	2015年第4季	1.50
2014年第4季	0.87	2016年第1季	0.44
2015年第1季	0.27		

　　無法知悉格勞克斯（Gluacus）發表報告與股價走勢有無絕對的因果關係，但該公司EPS自2014年第一季後，逐季下滑，隔（2015）年第一、二季EPS居然0.27與0.13，與2014年相比，簡直天差地遠；當然，該公司股價也曾經來到了接近10元的低點，腰斬再腰斬，而營運變差的轉折點，股價轉而變差，剛好是格勞克斯（Gluacus）發表報告的時點，巧合性實在有趣。

　　F股在境外，資訊比較不透明。

　　金管會針對此一事件，也檢討表示將強化資訊的透明度，且將強化財報的查核。從金管會的動作，似乎也間接證明F股本質上的問題，真的要讓國際機構不再能有突襲的機會，整個F股是否有存在之必要，恐怕要認真檢討了。

七 筆者觀點

　　利潤高的風險高，但如果能降低利潤，自然就能降低風險，第一天賣風險最低。一般來說，只要沒有大幅度下滑的風險，這種參加增資發行新股的抽籤，獲利率通常不錯，成本又很低，沒抽中的話，也是手續費20元的成本。只是抽到的時候，該如何操作才可以降低賠錢的風險。假設所抽到的股票資料如下：

◎申購日（1/1），拿到股票大約2週時間（1/15）

◎5天之內沒有漲跌幅限制（1/19）

　　但如果行情不是那麼確定，風險過高的情況下，可以在第一天賣出，或許沒辦法賣到最高點，但只要轉到預期價格的七成。例如興櫃價格是500元，上市櫃增資的承銷價格是300元，由於5天之內沒有漲跌幅限制，也許第一天就漲到500元，也許要到第五天，或更晚的日子才可能漲到與市場的差價。

但也許市場預期要上市櫃，興櫃的價格就已經炒高了，所以通常達到差價的七成就可以獲利了結，如上例就是差價200元的七成大約是140元，440元就可以考慮賣出。實務上也曾經發生晨星公司在第三天（1/17）跌破承銷價。如果保守一點的操作，第一天（1/15）就可以賣了。（半年之後的股價已經剩下150元左右）

新鉅科（3630）於102年增資，抽籤日期102年10月18日，中籤率1.02%，承銷價格90元，當日收盤股價為105元，撥券日期102年10月28日，收盤股價為104元，隨即於10月31日開始下

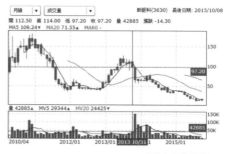

（引自奇摩股市）

跌，至105年5月底已經僅剩下不到15元。只能說公司真的很厲害，在相對高點時，用最少的股票換到了最多的錢。

右圖為所謂的「承銷股數」，就是這次增資的股數，以荃寶（3489）為例，承銷股數90萬股，也就是900張，1人抽1張，就是900個機會。如果有1萬人去抽，中籤機率就是9%。

達發公司的擊鼓事件

達發公司（股票代號：6526）上市的第一天，通常都會舉辦一些慶祝活動，博個好彩頭；達發公司也不例外，找了八位賢達人士在舞台上擊鼓，開盤後，一邊擊鼓振奮人心，司儀也請大家看著舞台上的大螢幕，本來是期待看到股價噴出，435元的股票價格，沒想到開盤價居然只有410元，最低更是只有400元，台上顏面無光，只好草草地將螢幕切換成其他慶祝的畫面。

網路申購

中國信託綜合證券
Chinatrust Securities Co., Ltd.　♥加入最愛　♥下載專區　個股資訊

看盤　證券交易　證券帳務　**申購**　期權交易　期權帳務　個人資料　數位

申購資訊　申購流程

申購	市場	股票名稱	價格	調整前承銷價格	申購股數	申購狀態	主辦券商	承銷股數
	上櫃	3489 筌寶電子	12.00		1,000	未中籤	7790 國票聯合證券	900,000
	上櫃	4102 永日化學	57.00		1,000	未中籤	9700 寶來	360,000
	上櫃	1566 毅金工業	19.00	22.00	1,000	未中籤	5380 第一金證券	1,083,000
	上市	1453 大將開發	10.00		1,000	未中籤	2180 亞東證券	2,550,000
	上櫃	6803 崑鼎投資	115.80		1,000	未中籤	5510 永豐金	425,000

八 系統性銀行

想要當蜘蛛人，就必須忍人所不能忍，承擔比別人更重的責任；換言之，你如果是系統性銀行，就要給那些小銀行做好榜樣，有較嚴格的資本適足及監理要求，必須額外提列百分之四的資本。

目前已知的系統性銀行包括中信銀(2891)、國泰世華(2882)、台北富邦(2881)、兆豐(2886)、合庫銀(5880)；為了符合主管機關對於資本適足率的要求，各大銀行通常會以股票換鈔票，也就是以增資的方式來提高手中的現金比重。

九 不得公開發行之情形

(一) 不得公開發行優先權利之特別股

公司有左列情形之一者，不得公開發行具有優先權利之特別股：

1. 最近3年或開業不及3年之開業年度課稅後之平均淨利，不足支付已發行及擬發行之特別股股息者。（公§269 I ①）
2. 對於已發行之特別股約定股息，未能按期支付者。（公§269 I ②）

(二) 不得公開發行新股

公司有左列情形之一者，不得公開發行新股：

1. 最近連續2年有虧損者。但依其事業性質，須有較長準備期間或具有健全之營業計畫，確能改善營利能力者，不在此限。（公§270 I ①）明定「最近」連續2年有虧損者，始不得發行新股，以資明確。
2. 資產不足抵償債務者。（公§270 I ②）

十 發行新股之撤銷

公司公開發行新股經核准後，如發現其申請事項，有違反法令或虛偽情形時，證券主管機關得撤銷其核准。（公§271 I）為前項撤銷核准時：未發行者，停止發行；已發行者，股份持有人，得於撤銷時起，向公司依股票原定發行金額加算法定利息，請求返還；因此所發生之損害，並得請求賠償。（公§271 II）公司法第135條第2項之規定（申請事項有變更，經限期補正而未補正之罰緩），於本條準用之。（公§271 III）。

十一 現金為股款

公司公開發行新股時，應以現金為股款。但由原有股東認購

或由特定人協議認購，而 不公開發行者，得以公司事業所需之財產為出資。（公 §272）例如專利權。

豈 認股書之內容

公司公開發行新股時，董事會應備置認股書，載明下列事項，由認股人填寫所認股數、種類、金額及其住所或居所，簽名或蓋章：（公 §273 I ）

㈠第129條及第130條第1項之事項。

㈡原定股份總數，或增加資本後股份總數中已發行之數額及其金額。

㈢第268條第1項第3款至第11款之事項。

㈣股款繳納日期。

公司公開發行新股時，除在前項認股書加記證券主管機關核准文號及年、月、日外，並應將前項各款事項，於證券主管機關核准通知到達後30日內，加記核准文號及年、月、日，公告並發行之。但營業報告、財產目錄、議事錄、承銷或代銷機構約定事項，得免予公告。（公 §273 II ）代表公司之董事，違反公司法第273條第1項規定，不備置認股書者，由證券主管機關處新臺幣1萬元以上5萬元以下罰鍰。（公 §273 IV ）

公司發行新股，而依公司法第272條但書（協議）不公開發行時，仍應公司法第273條第1項之規定，備置認股書；如以現金以外之財產抵繳股款者，並於認股書加載其姓名或名稱及其財產之種類、數量、價格或估價之標準及公司核給之股數。（公 §274 I ）前項財產出資實行後，董事會應送請監察人查核加具意見，報請主管機關核定之。（公 §274 II ）

📋 撤回認股

　　發行新股超過股款繳納期限，而仍有未經認購或已認購而撤回或未繳股款者，其已認購繳款之股東，得定1個月以上之期限，催告公司使認購足額並繳足股款；逾期不能完成時，得撤回認股，由公司返回其股款，並加給法定利息。(公§276Ⅰ)

　　有行為之董事，對於因前項情事所致公司之損害，應負連帶賠償責任。(公§276Ⅱ)因為是連帶賠償責任，故有行為之董事指2人以上之董事。

相關考題

有關股份有限公司股東新股認購權之敘述，下列何者錯誤？　(A)公司法賦予股東於公司發行新股時，得按其持股比例認購股份　(B)股東之新股認購權不得與其原有股份分離而獨立轉讓　(C)公司因合併而發行新股時，股東無新股認購權　(D)公司因員工認股權憑證而發行新股時，股東無新股認購權　【100地方特考五等經建行政-法學大意】	(B)

解析：

(B)公司法第267條第4項規定：「前三項新股認購權利，除保留由員工承購者外，得與原有股份分離而獨立轉讓。」

惟因107年修法後，新增公司法第167條第4項規定：「章程得訂明第二項轉讓之對象包括符合一定條件之控制或從屬公司員工。」實務上，企業基於經營管理之需，常設立研發、生產或行銷等各種功能之從屬公司，且大型集團企業對集團內各該公司員工所採取之內部規範與獎勵，多一視同仁，因此，為利企業留才，賦予企業運用員工獎酬制度之彈性，故參酌外國實務作法，讓公司得於章程訂明員工庫藏股之實施對象，包含符合一定條件之控制公司或從屬公司員工，以保障流通性及符合實務需要。

因此答案應該包括(D)。

相關考題

未公開發行之 A 股份有限公司已發行股份總數為 100 萬股，股東張三現持有 5 萬股。A 公司擬再現金增資發行 200 萬股，保留其中百分之十由公司員工承購，則張三至多得以股東身分優先認購多少股？ (A)4.5 萬股 (B)5 萬股 (C)9 萬股 (D)10 萬股 　（C）

【100 地方特考五等經建行政 - 法學大意】

解析：

200 萬 *10%=20 萬 (股)

200 萬 -20 萬 =180 萬 (股)

5 萬 /100 萬 =5%

180 萬 *5%=9 萬 (股)

9 變更章程

一 變更章程之概念

　　章程就好比是一家公司的基本大法,如同是憲法之於國家的地位。董事會在執行職務時,必須依據章程之規定,而章程的變更也不是董事就能決定,必須要由股東會經由法定程序才能夠變更。我國公司法規定:公司非經股東會決議,不得變更章程。(公§277 I)

二 變更章程之程序

　　公司法第277條第1項規定之變更章程股東會決議,應有代表已發行股份總數三分之二以上之股東出席,以出席股東表決權過半數之同意行之。(公§277 II)即所謂特別決議。

　　公開發行股票之公司,出席股東之股份總數不足前項定額者,得以有代表已發行股份總數過半數股東之出席,出席股東表決權三分之二以上之同意行之。(公§277 III)前二項出席股東股份總數及表決權數,章程有較高之規定者,從其規定。(公§277 IV)

　　為使規模較大公開發行股票之公司遇有特別議案時,股東會易於召開,在不違反多數決議之原則下,增訂公司法第277條第3項及第4項,以緩和股東收購委託書之壓力及保障大眾投資者權益。

三 減資之變更章程

　　因減少資本換發新股票時,公司應於減資登記後,定6個月以上之期限,通知各股東換取,並聲明逾期不換取者,喪失其股東之權利。(公§279 I)股東於前項期限內不換取者,即喪失其股東之權利,公司得將其股份拍賣,以賣得之金額,給付該股東。(公§279 II)公司負責人違反本條通知期限之規定時,各處新臺幣3千元以上1萬5千元以下罰鍰。(公§279 III)

減資之變更章程示意圖

公司虧損連連，應該要減資。

章程有明訂：資本額要減資，必須要變更章程。

主席

　　因減少資本而合併股份時，其不適於合併之股份之處理，準用公司法第279條第2項之規定。(公 §280)換言之，也就是準用股東於前項期限內不換取者，即喪失其股東之權利，公司得將其股份拍賣，以賣得之金額，給付該股東。

四 準用合併之相關規定

　　公司法第73條及第74條之規定，於減少資本準用之。(公 §281)

　　準用公司法第73條規定：「公司決議合併時，應即編造<mark>資產負債表及財產目錄</mark>。公司為合併之決議後，應即向<mark>各債權人分別通知及公告，並指定30日以上期限</mark>，聲明債權人得於期限內提出異議。」公司決議減少資本時，也要編造資產負債表及財產目錄，還要在決議之後，應即向各債權人分別通知及公告，並指定30日以上期限，聲明債權人得於期限內提出異議。

　　至於準用公司法第74條規定：「公司不為前條之通知及公告，或對於在指定期限內提出異議之債權人不為清償，或不提供相當擔保者，不得以其合併對抗債權人。」公司不於決議減少資本後，進行通知及公告債權人之程序，或對於在指定期限內提出異議之債權人不為清償，或不提供相當擔保者，不得以其減資對抗債權人。

10 重整

一 公司重整之概念

公司重整，是指公開發行股票或公司債之公司，因財務困難，暫停營業或有停業之虞，而有重建更生之可能者，得由公司或下列利害關係人之一向法院聲請重整：（公§282Ⅰ）

(一)繼續6個月以上持有已發行股份總數百分之十以上股份之股東。

(二)相當於公司已發行股份總數金額百分之十以上之公司債權人。

(三)工會。

(四)公司三分之二以上之受僱員工。

公司為前項聲請，應經董事會以董事三分之二以上之出席及出席董事過半數同意之決議行之。（公§282Ⅱ）

第1項第3款所稱之工會，指下列工會：

(一)企業工會。

(二)會員受僱於公司人數，逾其所僱用勞工人數二分之一之產業工會。

(三)會員受僱於公司之人數，逾其所僱用具同類職業技能勞工人數二分之一之職業工會。（公§282Ⅲ）

第1項第4款所稱之受僱員工，以聲請時公司勞工保險投保名冊人數為準。（公§282Ⅳ）

二 知名重整案例

近年來比較有名的重整案件，包括遠東航空、歌林、東隆五金等，其中東隆五金（8705）已經順利重新上市，算是一個相當成功的案例。近期較受人矚目者，則為遠東航空公司，剛好與兩岸直航有關，也受到更多的關注，目前也重新恢復營運，但108年12月驚傳停飛；而後遭交通部於隔年1月31日宣布廢止營運許可證。

正常營運階段與重整階段之三角關係

正常營運階段的三角關係

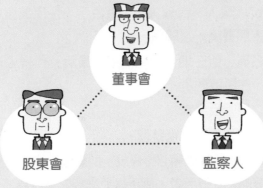

董事會

股東會

監察人

重整階段的三角關係

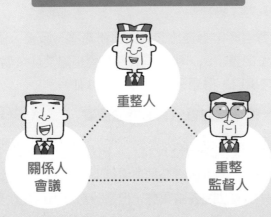

重整人

關係人
會議

重整
監督人

三 公司重整之聲請書狀

公司重整之聲請,應由聲請人以書狀連同副本5份,載明左列事項,向法院為之:(公§283 I)

㈠聲請人之姓名及住所或居所;聲請人為法人、其他團體或機關者,其名稱及公務所、事務所或營業所。

㈡有法定代理人、代理人者,其姓名、住所或居所,及法定代理人與聲請人之關係。

㈢公司名稱、所在地、事務所或營業所及代表公司之負責人姓名、住所或居所。

㈣聲請之原因及事實。

㈤公司所營事業及業務狀況。

㈥公司最近1年度依第228條規定所編造之表冊;聲請日期已逾年度開始6個月者,應另送上半年之資產負債表。

㈦對於公司重整之具體意見。

法院收到重整之聲請後,應先就形式要件不合者,裁定駁回,以節省人力、物力。

公司為聲請時,應提出重整之具體方案。股東、債權人、工會或受僱員工為聲請時,應檢同釋明其資格之文件,對第1項第5款及第6款之事項,得免予記載(公§283 III)

實務案例 遠東航空重整聲請遭駁回案

遠東航空於2008年2月14日,因爆發財務危機,改列為全額交割股票。遠東航空公司與債權人遠東國際商業銀行股份有限公司分別向法院聲請重整,但當時都曾因為欠缺具體方案而遭到駁回。(參照臺北地方法院97年度整字第1、2號判決)

四 裁定駁回事由

重整之聲請，有左列情形之一者，法院應裁定駁回：
（公§283-1）

㈠聲請程序不合者。但可以補正者，應限期命其補正。

㈡公司未依本法公開發行股票或公司債者。

㈢公司經宣告破產已確定者。

㈣公司依破產法所為之和解決議已確定者。

㈤公司已解散者。

㈥公司被勒令停業限期清理者。

上列事項，並沒有涉及到是否重整有機會，只是一些程序上的事項，或者是一些基本前提事項，例如已經破產、解散，或者是根本已經被勒令停業限期清理者，當然就沒有重整之必要。另外，依據公司法第282條第1項規定，必須是公開發行股票或公司債之公司，才有重整規定的適用，所以本條第2款，所謂「公司未依本法公開發行股票或公司債者」，當然就不符合重整之主體要件，而應該予以裁定駁回。

相關考題

公司聲請重整應向下列何者為之？ (A)經濟部 (B)各縣市政府主管機關 (C)法院 (D)行政院金融監督管理委員會 【99初等一般行政-法學大意】	(C)

五 徵詢意見

　　法院對於重整之聲請，除依前（283）條之規定裁定駁回者外，應即將聲請書狀副本，檢送主管機關、目的事業中央主管機關、中央金融主管機關及證券主管機關，並徵詢其關於應否重整之具體意見。（公§284Ⅰ）法院對於重整之聲請，並得徵詢本公司所在地之稅捐稽徵機關及其他有關機關、團體之意見。（公§284Ⅱ）公司法第284條第1、2項被徵詢意見之機關，應於30日內提出意見。（公§284Ⅲ）聲請人為股東或債權人時，法院應檢同聲請書狀副本，通知該公司。（公§284Ⅳ）

遠航重整──金管會意見

　　有時候各機關提供的意見很具體，但也有的機關提供的意見很抽象，例如遠航重整案，金管會提供意見之一：「（二）本局先前就該公司重整表示意見略以，遠東航空公司財務危機係因本業營運欠佳、流動資金欠缺，且若干交易牽涉不合常規，致有重大資金缺口，故該公司未來是否得以繼續經營，端視該公司是否可以改善其經營結果、資產能否順利變現及各債權人與投資人是否願意繼續支持與達成協議而定，本案是否有重整價值，仍請 貴院卓酌。」（臺灣臺北地方法院民事98年度整字第1號裁定）

　　如果專業機關提供的意見無法擲地有聲，真的就不要擲地了，提供的意見只會覺得很官僚。這些意見應該要降低無意義內容的比例，提出各具有數據化基礎的意見，才能讓重整的成功機率大增。

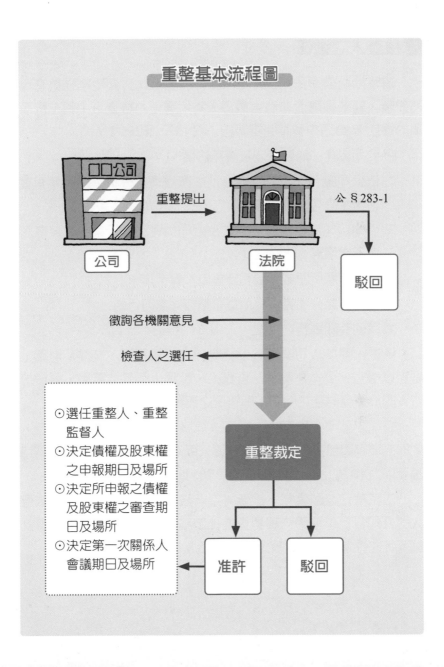

重整基本流程圖

公司

重整提出

法院

公 § 283-1

駁回

徵詢各機關意見

檢查人之選任

- ⊙選任重整人、重整監督人
- ⊙決定債權及股東權之申報期日及場所
- ⊙決定所申報之債權及股東權之審查期日及場所
- ⊙決定第一次關係人會議期日及場所

重整裁定

准許

駁回

六 檢查人之選任

法院除為公司法第284條徵詢外，並得就對公司業務具有專門學識、經營經驗而非利害關係人者，選任為檢查人，就左列事項於選任後30日內調查完畢報告法院：（公§285Ⅰ）

(一)公司業務、財務狀況及資產估價。

(二)依公司業務、財務、資產及生產設備之分析，是否尚有重建更生之可能。

(三)公司以往業務經營之得失及公司負責人執行業務有無怠忽或不當情形。

(四)聲請書狀所記載事項有無虛偽不實情形。

(五)聲請人為公司者，其所提重整方案之可行性。

(六)其他有關重整之方案。

檢查人對於公司業務或財務有關之一切簿冊、文件及財產，得加以檢查。公司之董事、監察人、經理人或其他職員，對於檢查人關於業務財務之詢問，有答覆之義務。（公§285Ⅱ）

公司之董事、監察人、經理人或其他職員，拒絕前項檢查，或對前項詢問無正當理由不為答覆，或為虛偽陳述者，處新臺幣2萬元以上10萬元以下罰鍰。（公§285Ⅲ）

法院裁定准駁重整，檢查人之調查報告，至關重要，故檢查人對公司各種事項應詳加調查並提出具體建議，通常律師、會計師或其他專業人士，常被選任為檢查人。

七 准許或駁回重整之裁定

　　法院依檢查人之報告，並參考目的事業中央主管機關、證券主管機關、中央金融主管機關及其他有關機關、團體之意見，應於收受重整聲請後120日內，為准許或駁回重整之裁定，並通知各有關機關。（公§285-1Ⅰ）檢查人之報告對於法院准駁重整，具有重大影響，又公司重整係緊急事件，為爭取時效，法院依檢查人報告並參考有關機關、團體等之意見，為准駁重整之裁定。

　　公司法第285-1條第1項120日之期間，法院得以裁定延長之，每次延長不得超過30日。但以二次為限。（公§285-1Ⅱ）既然要掌握時效，所以如果120日不夠釐清重整是否可能，還可以延長二次共計60日，也就是總長不超過180大，大約半年的時間，以決定重整准許或駁回。

　　有下列情形之一者，法院應裁定駁回重整之聲請：（公§285-1Ⅲ）

　　㈠聲請書狀所記載事項有虛偽不實者。

　　㈡依公司業務及財務狀況無重建更生之可能者。

　　法院依前項第2款於裁定駁回時，其合於破產規定者，法院得依職權宣告破產。（公§285-1Ⅳ）依公司狀況無重建更生之可能者，於法院裁定駁回時，倘合於破產規定者，法院得依職權宣告破產，以節省程序。

八 債權人及股東相關權利之造冊

法院於裁定重整前，得命公司負責人，於7日內就公司債權人及股東，依其權利之性質，分別造報名冊，並註明住所或居所及債權或股份總金額。（公§286）

九 重整裁定前之處分

法院為公司重整之裁定前，得因公司或利害關係人之聲請或依職權，以裁定為下列各款處分：（公§287Ⅰ）

㈠公司財產之保全處分。

㈡公司業務之限制。

㈢公司履行債務及對公司行使債權之限制。

㈣公司破產、和解或強制執行等程序之停止。

㈤公司記名式股票轉讓之禁止。

㈥公司負責人，對於公司損害賠償責任之查定及其財產之保全處分。

前項處分，除法院准予重整外，其期間不得超過90日；必要時，法院得由公司或利害關係人之聲請或依職權以裁定延長之；其延長期間不得超過90日。（公§287Ⅱ）為維護利害關係人之權益，避免企業利用處分期間從事不當行為，對處分期間之延長，除須經法院裁定外，亦限制其延長期限。

公司法第287條第2項期間屆滿前，重整之聲請駁回確定者，第1項之裁定失其效力。（公§287Ⅲ）為避免公司利用重整作為延期償付債務之手段，及貫徹本法立法意旨，法院裁定確定駁回重整，各種緊急處分，自應失其效力。

重整，通常股東的權利與投資大概就付諸流水，減資、債務打折，通常都是必然的結果。所以，雖然重整是讓一家公司重新站起來的方法，但對於原本的股東與債權人，卻是會讓人心痛的一場夢。

法院為公司法第287條第1項之裁定時，應將裁定通知證券主管機關及相關之目的事業中央主管機關。（公§287Ⅳ）為使證券主管機關及目的事業中央主管機關立即獲悉法院所為之處分情形，俾便停止該公司股票交易及各種處理。

在決定是否讓你的公司重整前，先把公司各種資產冰凍起來！

六種不能做的行為：
一、公司財產之保全處分。
二、公司業務之限制。
三、公司履行債務及對公司行使債權之限制。
四、公司破產、和解或強制執行等程序之停止。
五、公司記名式股票轉讓之禁止。
六、公司負責人，對於公司損害賠償責任之查定及其財產之保
　　全處分。

➕ 重整監督人之選任

重整監督人如同公司正常營運時之監察人。本法規定：法院為重整裁定時，應就對公司業務，具有專門學識及經營經驗者或金融機構，選任為重整監督人，並決定下列事項：（公§289Ⅰ）

㈠債權及股東權之申報期日及場所，其期間應在裁定之日起10日以上，30日以下。

㈡所申報之債權及股東權之審查期日及場所，其期間應在前款申報期間屆滿後10日以內。

㈢第一次關係人會議期日及場所，其期日應在第1款申報期間屆滿後30日以內。

申報→審查→第一次關係人會議

前項重整監督人，應受法院監督，並得由法院隨時改選。（公§289Ⅱ）

重整監督人有數人時，關於重整事務之監督執行，以其過半數之同意行之。（公§289Ⅲ）明定重整監督人有數人時，關於重整事務監督執行，以其過半數的同意行之，以杜絕爭議。

➕ 重整人之選任

公司重整人由法院就債權人、股東、董事、目的事業中央主管機關或證券主管機關推薦之專家中選派之。（公§290Ⅰ）公司法第30條之規定（當然解任事由），於前項公司重整人準用之。（公§290Ⅱ）公司重整人涉及股東、債權人、公司原本經營者三方面之權益，事關日後重整成敗，除專業外，當有操守原則之適用，爰準用第30條之規定，規範其消極資格。

關係人會議，依公司法第302條分組行使表決權之結果，有2組以上主張另行選定重整人時，得提出候選人名單，聲請法院選派之。（公§290Ⅲ）重整人有數人時，關於重整事務之執行，以其過半數之同意行之。（公§290Ⅳ）重整人執行職務應受重整監督人之監督，其有違法或不當情事者，重整監督人得聲請法院解除其職務，另行選派之。（公§290Ⅴ）

✚ 重整人特定行為之許可

重整人為下列行為時，應於事前徵得重整監督人之許可：（公§290Ⅵ）

㈠營業行為以外之公司財產之處分。

㈡公司業務或經營方法之變更。

㈢借款。

㈣重要或長期性契約之訂立或解除，其範圍由重整監督人定之。

㈤訴訟或仲裁之進行。

㈥公司權利之拋棄或讓與。

㈦他人行使取回權、解除權或抵銷權事件之處理。

㈧公司重要人事之任免。

㈨其他經法院限制之行為。

公司既然已經面臨重整的階段，任何作為更要步步為營，不能再任由重整人火上加油的亂搞，所以對於特定重大的行為，例如上開第3款的借款，或者是與其他人進行打官司（第5款），都必須經由重整監督人的許可。

🔟 重整裁定後之公告與登記

法院為重整裁定後，應即公告下列事項：（公§291Ⅰ）

㈠重整裁定之主文及其年、月、日。

㈡重整監督人、重整人之姓名或名稱、住址或處所。

㈢第289條第1項所定期間、期日及場所。

㈣公司債權人怠於申報權利時，其法律效果。

法院對於重整監督人、重整人、公司、已知之公司債權人及股東，仍應將前項裁定及所列各事項，以書面送達之。（公§291Ⅱ）

法院於前項裁定送達公司時，應派書記官於公司帳簿，記明截止意旨，簽名或蓋章，並作成節略，載明帳簿狀況。（公§291Ⅲ）

法院為重整裁定後，應檢同裁定書，通知主管機關，為重整開始之登記，並由公司將裁定書影本黏貼於該公司所在地公告處。（公§292）責成公司黏貼法院准予裁定全文於該重整公司所在地，以彌補公告之不足。

🔟 重整處分權之移轉

重整裁定送達公司後，公司業務之經營及財產之管理處分權移屬於重整人，由重整監督人監督交接，並聲報法院，公司股東會、董事及監察人之職權，應予停止。（公§293Ⅰ）前項交接時，公司董事及經理人，應將有關公司業務及財務之一切帳冊、文件與公司之一切財產，移交重整人。（公§293Ⅱ）公司之董事、監察人、經理人或其他職員，對於重整監督人或重整人所為關於業務或財務狀況之詢問，有答覆之義務。（公§293Ⅲ）

公司之董事、監察人、經理人或其他職員，有下列行為之一者，各處1年以下有期徒刑、拘役或科或併科新臺幣6萬元以下罰金：（公§293Ⅳ）

㈠拒絕移交。

㈡隱匿或毀損有關公司業務或財務狀況之帳冊文件。

㈢隱匿或毀棄公司財產或為其他不利於債權人之處分。

㈣無故對前項詢問不為答覆。

㈤捏造債務或承認不真實之債務。

📖 特定訴訟程序之當然停止

裁定重整後，公司之破產、和解、強制執行及因財產關係所生之訴訟等程序，當然停止。（公§294）法院依公司法第287條第1項第1、第2、第5及第6各款所為之處分，不因裁定重整失其效力，其未為各該款處分者，於裁定重整後，仍得依利害關係人或重整監督人之聲請，或依職權裁定之。（公§295）上開公司法第287條第1款為「公司財產之保全處分」，第2款為「公司業務之限制」，第5款「公司記名式股票轉讓之禁止」及第6款「公司負責人，對於公司損害賠償責任之查定及其財產之保全處分」。

📖 重整債權之種類與權利之行使

對公司之債權，在重整裁定前成立者，為重整債權；其依法享有優先受償權者，為優先重整債權；其有抵押權、質權或留置權為擔保者，為有擔保重整債權；無此項擔保者，為無擔保重整債權；各該債權，非依重整程序，均不得行使權利。（公§296Ⅰ）破產法破產債權節之規定，於前項債權準用之。但其中有關別除權及優先權之規定，不在此限。（公§296Ⅱ）取回權、解除權或抵銷權之行使，應向重整人為之。（公§296Ⅲ）

📖 重整債權及股東權之申報

重整債權人，應提出足資證明其權利存在之文件，向重整監督人申報，經申報者，其時效中斷；未經申報者，不得依重整程序受清償。（公§297Ⅰ）

公司法第297條第1項應為申報之人，因不可歸責於自己之事由，致未依限申報者，得於事由終止後15日內補報之。但重整計

畫已經關係人會議可決時，不得補報。（公§297Ⅱ）

股東之權利，依股東名簿之記載。（公§297Ⅲ）

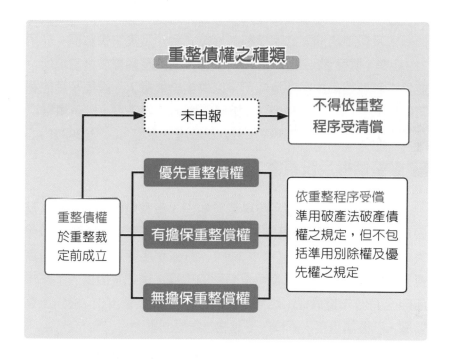

重整債權之種類

未申報 → 不得依重整程序受清償

重整債權於重整裁定前成立：優先重整債權、有擔保重整償權、無擔保重整償權 → 依重整程序受償 準用破產法破產債權之規定，但不包括準用別除權及優先權之規定

實務見解 重整裁定後之利息與時效中斷

　　公司法第296條第1項規定，對公司之債權，在重整裁定前成立者，為重整債權。而重整債權經申報者，依同法第297條第1項規定，其時效中斷。至重整裁定後之利息，依公司法第296條第2項準用破產法第103條第1款規定，不得為重整債權，無上開時效中斷規定之適用。（89台上98）

大 重整監督人之任務：清冊之製作

重整監督人，於權利申報期間屆滿後，應依其初步審查之結果，分別製作優先重整債權人、有擔保重整債權人、無擔保重整債權人及股東清冊，載明權利之性質、金額及表決權數額，於第289條第1項第2款期日之3日前，聲報法院及備置於適當處所，並公告其開始備置日期及處所，以供重整債權人、股東及其他利害關係人查閱。（公§298Ⅰ）重整債權人之表決權，以其債權之金額比例定之；股東表決權，依公司章程之規定。（公§298Ⅱ）

九 重整債權及股東權之審查

法院審查重整債權及股東權之期日，重整監督人、重整人及公司負責人，應到場備詢，重整債權人、股東及其他利害關係人，得到場陳述意見。（公§299Ⅰ）這種程序有點兒像是政府官員到立院備詢，檢視看看有沒有假的債權，例如某債權人本來預估自己有優先整債權，應該是排第一，但突然冒出5位優先重整債權，就要請重整人解釋一下到底是怎麼回事。

有異議之債權或股東權，由法院裁定之。（公§299Ⅱ）

就債權或股東權有實體上之爭執者，應由爭執之利害關係人，於前項裁定送達後20日內提起確認之訴，並應向法院為起訴之證明；經起訴後在判決確定前，仍依前項裁定之內容及數額行使其權利。但依重整計畫受清償時，應予提存。（公§299Ⅲ）重整債權或股東權，在法院宣告審查終結前，未經異議者，視為確定；對公司及全體股東、債權人有確定判決同一之效力。（公§299Ⅳ）

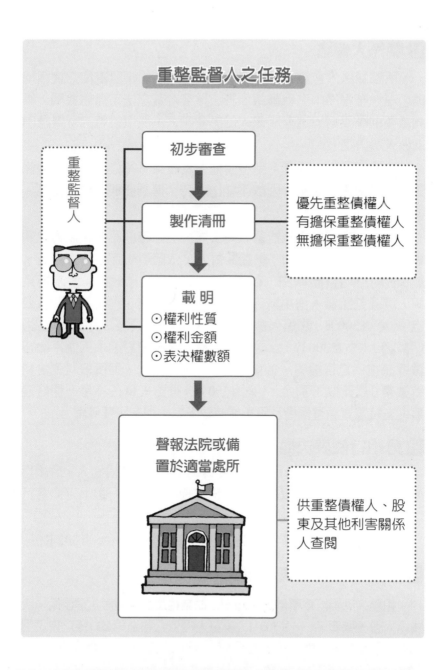

重整監督人之任務

重整監督人

初步審查

製作清冊 — 優先重整債權人
有擔保重整債權人
無擔保重整債權人

載 明
⊙權利性質
⊙權利金額
⊙表決權數額

聲報法院或備
置於適當處所

供重整債權人、股
東及其他利害關係
人查閱

廿 關係人會議

所謂關係人會議，是指由重整債權人及股東所組成之會議型態，在重整程序中進行審議、表決重整計畫之法定意思機關。畢竟重整的結果對於這些關係人的影響頗大，所以重整的計畫應由關係人所決定。

依據公司法之規定：重整債權人及股東，為公司重整之關係人，出席關係人會議，因故不能出席時，得委託他人代理出席。（公§300 I）

關係人會議由重整監督人為主席，並召集除第一次以外之關係人會議。（公§300 II）重整監督人，依前項規定召集會議時，於5日前訂明會議事由，以通知及公告為之。一次集會未能結束，經重整監督人當場宣告連續或展期舉行者，得免為通知及公告。（公§300 III）關係人會議開會時，重整人及公司負責人應列席備詢。（公§300 IV）公司負責人無正當理由對前項詢問不為答覆或為虛偽之答覆者，各處1年以下有期徒刑、拘役或科或併科新臺幣6萬元以下罰金。（公§300 V）重整人實在不是一種好差事，法院審查重整債權及股東權時要備詢，現在又要備詢。

廿一 分組行使表決權

關係人會議，應分別按第298條第1項規定之權利人，分組行使其表決權，其決議以經各組表決權總額二分之一以上之同意行之。（公§302 I）

公司無資本淨值時，股東組不得行使表決權。（公§302 II）

廿二 重整計畫暨報表之審查

重整人應擬訂重整計畫，連同公司業務及財務報表，提請第一次關係人會議審查。（公§303 I）重整人經依公司法第290條之規定另選者，重整計畫，應由新任重整人於1個月內提出之。（公§303 II）

重整計畫審查流程

重整人

提出
⊙重整計畫
⊙公司業務及財務報表
（公§303）

提出

關係人會議

關係人會議之任務如下：（公§301）
一、聽取關於公司業務與財務狀況
　　之報告及對於公司重整之意見。
二、審議及表決重整計畫。
三、決議其他有關重整之事項。

可決

法院裁定認可

主管機關備查

主管機關

🔟 重整計畫之內容

公司重整如有下列事項，應訂明於重整計畫：（公§304Ⅰ）

㈠全部或一部重整債權人或股東權利之變更。

㈡全部或一部營業之變更。

㈢財產之處分。

㈣債務清償方法及其資金來源。

㈤公司資產之估價標準及方法。

㈥章程之變更。

㈦員工之調整或裁減。

㈧新股或公司債之發行。

㈨其他必要事項。

前（1）項重整計畫之執行，除債務清償期限外，自法院裁定認可確定之日起算不得超過1年；其有正當理由，不能於1年內完成時，得經重整監督人許可，聲請法院裁定延展期限；期限屆滿仍未完成者，法院得依職權或依關係人之聲請裁定終止重整。（公§304Ⅱ）按重整計畫之執行應有一定期限，但就何時起算並無明文規定，所以規定「自法院裁定認可確定之日起算」，以資明確；又重整計畫之執行，程序上繁簡不一，若未能於1年內完成而有正當理由者，自宜許其延展。屆期仍未完成者，則公司已無重建更生之可能，法院自得依職權或聲請裁定終止重整，以杜流弊。

🔢 企業併購法之特別規定

公司依公司法第304條規定訂定之重整計畫，得訂明以債權人對公司之債權作價繳足債權人承購公司發行新股所需股款，並經公司法第305條關係人會議可決及經法院裁定認可後執行之，不受公司法第270條、第272條及第296條規定之限制。（企業併購法§9）

可決與未得可決之程序

重整計畫
（關係人會議）

（公§305）

可決

未得可決 → 報告法院
法院得依公正
合理之原則，
指示變更方針
（公§306 I）

法院裁定認可

內 1
審 個
查 月

 主管機
關備查

關係人會議再予審查

法院裁
定認可

未
得
可
決
（公§306 II）

未於 1 年內可
決重整計畫，
法院得依聲請
或依職權裁定
終止重整認可

（公§306 III、
IV、V）

法院裁定終止重整，但公司確
有重整之價值者，法院就其不
同意之組，以公司法第306條
第2項方法之一，修正重整計
畫裁定認可。

重整計畫
（關係人會議）

卅五 重整計畫之可決與備查

重整計畫經關係人會議可決者,重整人應聲請法院裁定認可後執行之,並報主管機關備查。(公§305Ⅰ)前項法院認可之重整計畫,對於公司及關係人均有拘束力,其所載之給付義務,適於為強制執行之標的者,並得逕予強制執行。(公§305Ⅱ)

卅六 未得可決之程序

重整計畫未得關係人會議有表決權各組之可決時,重整監督人應即報告法院,法院得依公正合理之原則,指示變更方針,命關係人會議在1個月內再予審查。(公§306Ⅰ)

法院為公司法第305、306條處理時,應徵詢主管機關、目的事業中央主管機關及證券主管機關之意見。(公§307Ⅰ)法院為終止重整之裁定,應檢同裁定書通知主管機關;裁定確定時,主管機關應即為終止重整之登記;其合於破產規定者,法院得依職權宣告其破產。(公§307Ⅱ)

🐨 裁定終止重整

公司法第306條第1項重整計畫，經再予審查，仍未獲關係人會議可決時，應裁定終止重整。但公司確有重整之價值者，法院就其不同意之組，得以下列方法之一，修正重整計畫裁定認可之：（公§306Ⅱ）

(一)有擔保重整債權人之擔保財產，隨同債權移轉於重整後之公司，其權利仍存續不變。

(二)有擔保重整債權人，對於擔保之財產；無擔保重整債權人，對於可充清償其債權之財產；股東對於可充分派之賸餘財產；均得分別依公正交易價額，各按應得之份，處分清償或分派承受或提存之。

(三)其他有利於公司業務維持及債權人權利保障之公正合理方法。

前條第1項或前項重整計畫，因情事變遷或有正當理由致不能或無須執行時，法院得因重整監督人、重整人或關係人之聲請，以裁定命關係人會議重行審查，其顯無重整之可能或必要者，得裁定終止重整。（公§306Ⅲ）

前項重行審查可決之重整計畫，仍應聲請法院裁定認可。（公§306Ⅳ）

關係人會議，未能於重整裁定送達公司後1年內可決重整計畫者，法院得依聲請或依職權裁定終止重整；其經法院依第3項裁定命重行審查，而未能於裁定送達後1年內可決重整計畫者，亦同。（公§306Ⅴ）促使關係人早日做出具體可行的重整計畫，避免公司重整狀態久懸不決，法律關係長久處於不確定狀態，損害當事人的權益。

裁定終止重整之效力

法院裁定終止重整，除依職權宣告公司破產者，依破產法之規定外，有下列效力：（公§308）

(一)依第287條（重整裁定前之處分）、第294條（訴訟程序停止）、第295條（不因重整裁定失其效力之處分）或第296條（重整債權）所為之處分或所生之效力，均失效力。

(二)因怠於申報權利，而不能行使權利者，恢復其權利。

(三)因裁定重整而停止之股東會、董事及監察人之職權，應即恢復。

所以，裁定終止重整，將恢復原本的一些狀態，例如原本重整裁定前的處分、訴訟停止等，都失其效力；原本準備由重整人、關係人會議、重整監督人來行使權力，也恢復成為股東會、董事及監察人的三角關係。

裁定另作適當處理

公司重整中，下列各款規定，如與事實確有扞格時，經重整人聲請法院，得裁定另作適當之處理：（公§309）

(一)公司法第277條變更章程之規定。

(二)公司法第279條及第281條減資之通知公告期間及限制之規定。

(三)公司法第268條至第270條及第276條發行新股之規定。

(四)公司法第248條至第250條，發行公司債之規定。

(五)公司法第128條、第133條、第148條至第150條及第155條設立公司之規定。

　　㈥公司法第272條出資種類之規定。

　　另重整公司所以財務上發生困難，主要原因為鉅額負債與沉重之利息負擔，挽救之道，自須增資，而其吸收資金確有困難，如經公司債權人及關係人同意發行新股時，出資種類不以現金為限，或可以債權抵繳股款，確能紓減財務負擔，增加重整可行性，此為公司法第309條第6款規範之目的。

卅 重整完成之程序

公司重整人，應於重整計畫所定期限內完成重整工作；重整完成時，應聲請法院為重整完成之裁定，並於裁定確定後，召集重整後之股東會選任董事、監察人。（公§310Ⅰ）按重整完成，應由重整人聲請法院為重整完成之裁定，並於裁定確定後，召集重整後股東會選任董監事，始符合程序。

所以由重整人、關係人會議、重整監督人來行使權力之三角關係，也恢復成為正常狀況之股東會、董事及監察人的三角關係。

公司法第310條第1項規定之董事、監察人於就任後，應會同重整人向主管機關申請登記或變更登記。（公§310Ⅱ）又董監事就任後，即應會同重整人向主管機關申請登記或變更登記，較為妥適。

卌 重整完成之效力

公司重整完成後，有下列效力：（公§311Ⅰ）

㈠已申報之債權未受清償部分，除依重整計畫處理，移轉重整後之公司承受者外，其請求權消滅；未申報之債權亦同。

㈡股東股權經重整而變更或減除之部分，其權利消滅。

㈢重整裁定前，公司之破產、和解、強制執行及因財產關係所生之訴訟等程序，即行失其效力。

公司債權人對公司債務之保證人及其他共同債務人之權利，不因公司重整而受影響。（公§311Ⅱ）

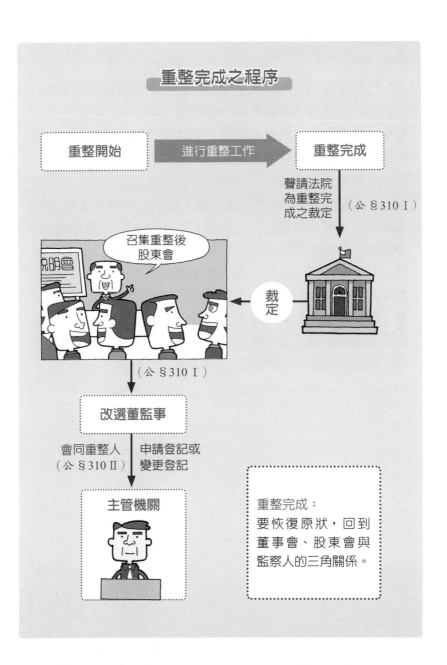

重整完成之程序

重整開始 → 進行重整工作 → 重整完成

聲請法院為重整完成之裁定（公§310Ⅰ）

召集重整後股東會

說明會

裁定

（公§310Ⅰ）

改選董監事

會同重整人（公§310Ⅱ）申請登記或變更登記

主管機關

重整完成：要恢復原狀，回到董事會、股東會與監察人的三角關係。

實務見解 重整與保證人責任

　　公司重整乃公開發行股票或公司債之股份有限公司因財務困難、暫停營業或有暫停營業之虞，依公司法所定公司重整程序清理債務，以維持公司之營業為目的，參加公司重整程序之債權應受重整計畫之限制，故具有強制和解之性質，債權人對於債務人債務之減免，非必出於任意為之，公司法第311條第2項所以規定公司債權人對於公司債務之保證人之權利，不因公司重整而受影響，其立法意旨在使重整計畫於關係人會議中易獲可決。保證人原以擔保債務人債務之履行為目的，債務人陷於無資力致不能清償債務時，保證人之擔保功能更具作用，在公司重整之情形，公司財務已陷於困難，此項危險，與其由債權人負擔，毋寧由保證人負責。故債權人就因重整計畫而減免之部分，請求保證人代負履行責任，不因公司重整而受影響。（79台上1301判例）

🔢 優先清償之公司重整債務

下列各款，為公司之重整債務，優先於重整債權而為清償：（公§312 I）

㈠維持公司業務繼續營運所發生之債務。

㈡進行重整程序所發生之費用。

前項優先受償權之效力，不因裁定終止重整而受影響。（公§312 II）

🔢 檢查人、重整監督人或重整人之報酬與責任

檢查人、重整監督人或重整人，應以善良管理人之注意，執行其職務，其報酬由法院依其職務之繁簡定之。（公§313 I）

檢查人、重整監督人或重整人，執行職務違反法令，致公司受有損害時，對於公司應負賠償責任。（公§313 II）

檢查人、重整監督人或重整人，對於職務上之行為，有虛偽陳述時，各處1年以下有期徒刑、拘役或科或併科新臺幣6萬元以下罰金。（公§313 III）

🔢 部分程序準用民事訴訟法

關於本節之管轄及聲請通知送達公告裁定或抗告等，應履行之程序，準用民事訴訟法之規定。（公§314）

11 解散、合併及分割

一 解散

股份有限公司，有下列情事之一者，應予解散：（公§315 I）

(一)章程所定解散事由。

(二)公司所營事業已成就或不能成就。

(三)股東會為解散之決議。

(四)有記名股票之股東不滿2人。但政府或法人股東1人者，不在此限。

(五)與他公司合併。

(六)分割。

(七)破產。

(八)解散之命令或裁判。

前項第1款（章程所定解散事由）得經股東會議變更章程後，繼續經營；第4款本文（有記名股票之股東不滿2人）得增加有記名股東繼續經營。（公§315 II）例如章程本來規定公司營業不佳，連續3個月之純益不滿50萬元時，就應該解散；果然連續3個月只有純益10萬元，但是股東認為依舊有前景，可以變更章程將解散之金額降低成5萬元。

為配合承認政府或法人股東1人股份有限公司之設立，而有第1項第4款之規定。但書排除政府或法人股東1人應予解散之規定。又配合公司進行分割時，如公司未消滅者，自毋庸辦理解散，如公司因分割而消滅者，則辦理解散，而有第1項第6款之規定。

合併之概念與種類

合併可以分成「存續合併」與「新設合併」。

股份有限公司相互間合併，或股份有限公司與有限公司合併者，其存續或新設公司以股份有限公司為限。（公§316-1Ⅰ）為加強公司大眾化、財務之健全化，有限公司與股份有限公司合併時，其存續或另立之公司應以股份有限公司為限。

股份有限公司分割者，其存續公司或新設公司以股份有限公司為限。（公§316-1Ⅱ）公司分割後，其存續或新設公司亦以股份有限公司為限。

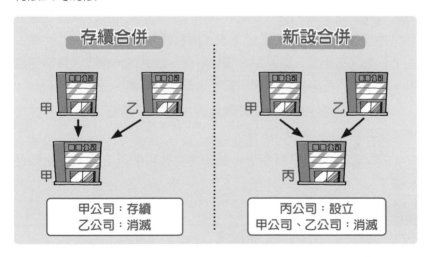

合併之特別規定——企業併購法

企業併購法是為利企業以併購進行組織調整，發揮企業經營效率所制定的法律，主要是規範合併、收購、分割等企業運作行為，並規範租稅措施、金融措施，以及公司重整之組織再造。

四 解散、合併或分割之特別決議

　　股東會對於公司解散、合併或分割之決議，應有代表已發行股份總數三分之二以上股東之出席，以出席股東表決權過半數之同意行之。（公§316Ⅰ）按公司分割對於股東權益影響重大，故股東會對於分割之表決權數，與公司法第185條規定讓與全部營業或財產情形相當，表決權數宜採特別決議，至於解散、合併，亦與上開情形相當，配合調整，也是以特別決議的方式為之。

　　公開發行股票之公司，出席股東之股份總數不足前項定額者，得以有代表已發行股份總數過半數股東之出席，出席股東表決權三分之二以上之同意行之。（公§316Ⅱ）第2項配合第1項表決權數亦採特別決議。本項規定也是為了讓股權分散之公開發行股票公司，不會因為出席人數不足，導致解散、合併或分割之決議橫生阻撓，所以從「三分之二、過半數」變成「過半數、三分之二」。

　　前二項出席股東股份總數及表決權數，章程有較高之規定者，從其規定。（公§316Ⅲ）

　　公司解散時，除破產外，董事會應即將解散之要旨，通知各股東。（公§316Ⅳ）

相關考題

下列何者非一公司取得他公司經營權之方式？　(A)合併　(B)聯合行為　(C)資產收購　(D)股份收購　　　　　　　　【96三等地方特考－法學知識與英文】	(B)
股份有限公司要進行如合併、分割等重大決策時，應經下列何種公司內部機關的同意？　(A)董事長　(B)董事會及股東會　(C)監察人　(D)經理人　　　　　　　　　　【96四等地方特考－法學知識與英文】	(B)

五 合併決議之特殊規定──簡易合併

(一)簡易合併

　　控制公司持有從屬公司百分之九十以上已發行股份者，得經控制公司及從屬公司之董事會以董事三分之二以上出席，及出席董事過半數之決議，與其從屬公司合併。其合併之決議，不適用公司法第316條第1項至第3項有關股東會決議之規定。（公§316-2Ⅰ）基於關係企業控制公司合併其持有大多數股份之從屬公司時，對公司股東權益較不生影響，為便利企業經營策略之運用，控制公司及從屬公司得不召開股東會，以節省勞費，而為第1項簡易合併之規範。

(二)通知與收買

　　從屬公司董事會為前項決議後，應即通知其股東，並指定30日以上期限，聲明其股東得於期限內提出書面異議，請求從屬公司按當時公平價格，收買其持有之股份。（公§316-2Ⅱ）從屬公司股東與從屬公司間依前項規定協議決定股份價格者，公司應自董事會決議日起90日內支付價款；其自董事會決議日起60日內未達協議者，股東應於此期間經過後30日內，聲請法院為價格之裁定。（公§316-2Ⅲ）為保障從屬公司之少數股東之權益，參酌公司法第317條第2項準用第187條及第188條規定，增訂第2項及第3項。

　　公司法第316-2條第2項從屬公司股東收買股份之請求，於公司取銷合併之決議時，失其效力。股東於（本條）第2項及第3項規定期間內不為請求或聲請時，亦同。（公§316-2Ⅳ）同條第4項明定從屬公司股東原依第2項請求收買其持有之股份，於公司決議取消合併時，已無異議對象，其請求於該項決議時即失其效力。

公司法第317條有關收買異議股東所持股份之規定，於控制公司不適用之。（公§316-2Ⅴ）公司進行簡易合併時，一般公認會計原則，應與其持有超過百分九十以上已發行股份之從屬公司編製合併財務報表，對於控制公司之財務狀況及股東權益並無重大影響，故得不召開控制公司股東會。

　　控制公司因合併而修正其公司章程者，仍應依公司法第277條規定（變更章程之程序）辦理。（公§316-2Ⅵ）

自己併購自己——國巨案

國巨公司董事長陳泰銘個人與私募基金KKR新成立的遨睿投資公司（陳泰銘持股55%，KKR占45%），宣布以每股16.1元公開收購國巨，一旦達成100%收購，總規模將有467.8億元；完成收購後，國巨公司將會下市，創國內企業大股東收購自家公司後下市的首例，但主管機關未許可此一併購案。

國巨公司在2007年透過海外可轉換公司債（ECB）引進KKR作為策略股東，當時設定的持有年限為7年，在完成收購後，KKR持有ECB期限可提早結束。遨睿投資公司的公開收購價為每股16.1元，相較於100年4月1日收盤價14.1元，溢價幅度約14.2%，所以當消息出來後，也帶動股價漲停鎖死。

遨睿投資公司訂出的收購門檻，要完成股權過半後，收購案才會成立。此一收購下市之目的，是為了讓經營團隊不必因追求每季獲利而違反長期目標，影響正確的經營策略。

然而，國巨公司董事長陳泰銘的做法卻引發市場的質疑，認為16.1元的價格雖然較高於目前的交易價格，但是其計算基準依舊不合理。總之，最後經濟部投審會於100年6月22日否決了這一項收購案，理由主要不外乎收購價格不合理，資訊也不透明，況且遨睿投資公司選擇鑑價的財務顧問公司，有獨立性與利益衝突問題，收購價不客觀，有違資訊透明和投資架構合理原則，無法保障投資人權益。

100年8月歐債危機引發一連串股票市場下滑，國巨股價也跌至8元以下。

六 分割之概念與種類

㈠新設分割

被分割公司將其經濟上成為一整體之營業部門財產（包含資產及負債），以對新設公司為現物出資之方式，而由該被分割公司或該被分割公司之股東取得該新設公司之新設發行之股份，並由該新設公司概括承受該營業部門之資產與負債。（參見賴源河等，《新修正公司法解析》）

㈡吸收分割

將分割公司為營業分割之同時，將被分割公司之一部分營業合併至其他公司之方法。故吸收合併之特徵是，承受公司為現有既存之公司。又因與其他公司有合併情形，又稱合併分割。例如，A公司分割為兩部分，其中一部分仍為A公司；至於被分割獨立之另一部分則與現有既存之B公司合併成為B公司之一部分或成為C公司。（王文宇，《公司法論》）

㈢分割、合併程序

公司分割或與他公司合併時，董事會應就分割、合併有關事項，作成分割計畫、合併契約，提出於股東會；股東在集會前或集會中，以書面表示異議，或以口頭表示異議經紀錄者，得放棄表決權，而請求公司按當時公平價格，收買其持有之股份。（公§317Ⅰ）公司分割得以適度縮小公司規模，並利用特定部門之分離獨立，以求企業經營之專業化及效率化，對於公司之組織調整有所助益。然為使公司分割時，不同意股東比照合併之規定行使股份收買請求權以資救濟。

公司法第187條及第188條之規定，於前項準用之。（公§317Ⅲ）

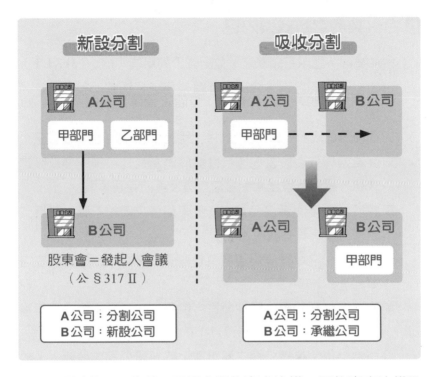

公司法第317條第1項規定得放棄表決權,而放棄表決權股權,公司法並無規定應自發行股份總數扣除,亦即反對合併之股份數仍係算入應發行股份之總數,依此股東為表示反對合併之意思表示,除依書面表示反對或口頭反對表示並記錄為異議外,尚可經由參與表決堅強其表示反對之立場,此放棄表決權之立法意旨應在於股東既係反對公司合併,表決時自是投反對票,故法用語為「得」而非「應」、「須」。是股東縱參與表決反對合併,仍得依該法條請求收買。(89台抗348)

他公司為新設公司者,被分割公司之股東會視為他公司之發起人會議,得同時選舉新設公司之董事及監察人。(公§317Ⅱ)公司分割時之新設公司應即召開發起人會議訂立章程。

七 合併契約之方式與內容

合併契約,應以書面為之,並記載下列事項:(公§317-1Ⅰ)

㈠合併之公司名稱,合併後存續公司之名稱或新設公司之名稱。

㈡存續公司或新設公司因合併發行股份之總數、種類及數量。

㈢存續公司或新設公司因合併對於消滅公司股東配發新股之總數、種類及數量與配發之方法及其他有關事項。

㈣對於合併後消滅之公司,其股東配發之股份不滿一股應支付現金者,其有關規定。

㈤存續公司之章程需變更者或新設公司依第129條應訂立之章程。

前項之合併契約書,應於發送合併承認決議股東會之召集通知時,一併發送於股東。(公§317-1Ⅱ)

公司合併後,存續公司之董事會,或新設公司之發起人,於完成催告債權人程序後,其因合併而有股份合併者,應於股份合併生效後;其不適於合併者,應於該股份為處分後,分別循左列程序行之:(公§318Ⅰ)

㈠存續公司,應即召集合併後之股東會,為合併事項之報告,其有變更章程必要者,並為變更章程。(公§318Ⅰ①)

㈡新設公司,應即召開發起人會議,訂立章程。(公§318Ⅰ②)按創立會允屬公司募集設立,始有適用,而有關合併後發起人係召開發起人會議方式為之,前項章程,不得違反合併契約之規定。(公§318Ⅱ)

八 分割契約之方式與內容

公司法第317條第1項之分割計畫，應以書面為之，並記載下列事項：（公§317-2 I）

㈠承受營業之既存公司章程需變更事項或新設公司章程。

㈡被分割公司讓與既存公司或新設公司之營業價值、資產、負債、換股比例及計算依據。

㈢承受營業之既存公司發行新股或新設公司發行股份之總數、種類及數量。

㈣被分割公司或其股東所取得股份之總數、種類及數量。

㈤對被分割公司或其股東配發之股份不滿一股應支付現金者，其有關規定。

㈥既存公司或新設公司承受被分割公司權利義務及其相關事項。

㈦被分割公司之資本減少時，其資本減少有關事項。

㈧被分割公司之股份銷除所需辦理事項。

㈨與他公司共同為公司分割者，分割決議應記載其共同為公司分割有關事項。

前項分割計畫書，應於發送分割承認決議股東會之召集通知時，一併發送於股東。（公§317-2 II）

九 合併與分割準用之規定

公司法第73至第75條之規定，於股份有限公司之合併或分割準用之。（公 §319）按公司分割時，對債權人影響甚大，須通知及公告債權人知悉。

條 號		內 容
公 §73	I	公司決議合併時，應即編造資產負債表及財產目錄。
	II	公司為合併之決議後，應即向各債權人分別通知及公告，並指定30日以上期限，聲明債權人得於期限內提出異議。
公 §74		公司不為前條之通知及公告，或對於在指定期限內提出異議之債權人不為清償，或不提供相當擔保者，不得以其合併對抗債權人。
公 §75		因合併而消滅之公司，其權利義務，應由合併後存續或另立之公司承受。

✚ 分割後公司之連帶清償責任

　　分割後受讓營業之既存公司或新設公司，應就分割前公司所負債務於其受讓營業之出資範圍負連帶清償責任。但債權人之連帶清償責任請求權，自分割基準日起2年內不行使而消滅。（公§319-1）

　　本規定明定分割後受讓營業之既存公司或新設公司，就分割前公司所負債務於其受讓營業之出資範圍負連帶清償責任，以免過度擴大受讓營業之既存公司或新設公司之債務責任。但為免請求權長期不行使，造成公司經營不安定，參酌民法第305條有關概括承受而為本條之規定。

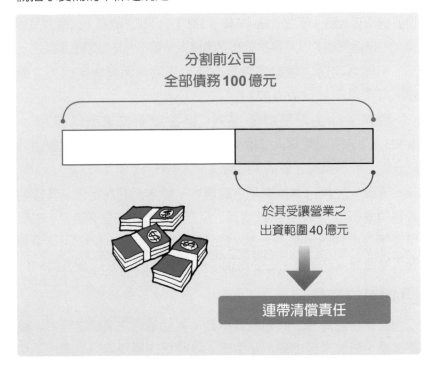

分割前公司
全部債務100億元

於其受讓營業之
出資範圍40億元

連帶清償責任

12 清算：普通清算

一 清算之種類：任意清算與法定清算

任意清算，是指依據章程或全體股東同意所定之方法，處分公司財產所為之清算。

法定清算，則是依據法律規範之程序而為之清算。我國僅有法定清算，不得為任意清算。

二 清算人之選任與權利

公司之清算，以董事為清算人。但本法或章程另有規定或股東會另選清算人時，不在此限。（公§322Ⅰ）公司之清算，以董事為清算人，是指原則上以董事為當然之清算人，董事包括全體董事而言。

不能依前項之規定定清算人時，法院得因利害關係人之聲請，選派清算人。（公§322Ⅱ）

清算人除由法院選派者外，得由股東會決議解任。（公§323Ⅰ）法院因監察人或繼續1年以上持有已發行股份總數百分之三以上股份股東之聲請，得將清算人解任。（公§323Ⅱ）

清算人於執行清算事務之範圍內，除本節有規定外，其權利義務與董事同。（公§324）清算人之報酬，非由法院選派者，由股東會議定；其由法院選派者，由法院決定之。（公§325Ⅰ）清算費用及清算人之報酬，由公司現存財產中儘先給付。（公§325Ⅱ）

三 清算之概念

公司若因為特定原因而解散時，就必須經由清算之程序。簡單來說，好比是婚姻關係結束後，總得把夫妻雙方的財產、子女

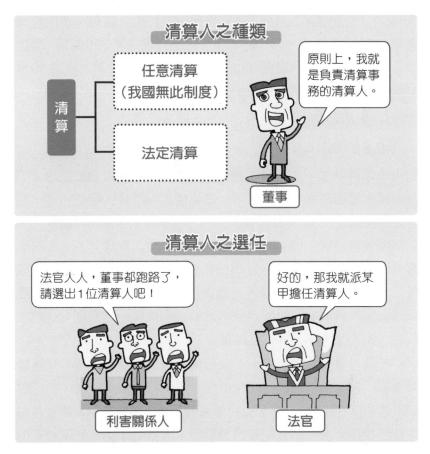

分配清楚；也好比是舊房子賣掉後，總是得把房子清潔整理後，移交給接手的買家。

四 清算人之職責

㈠檢查公司財產

　　清算人就任後，應即檢查公司財產情形，造具財務報表及財產目錄，送經監察人審查，提請股東會承認後，並即報法院。（公

§326Ⅰ）公司法第326條第1項表冊送交監察人審查，應於股東會集會10日前為之。（公§326Ⅱ）對於公司法第326條第1項之檢查有妨礙、拒絕或規避之行為者，各處新臺幣2萬元以上10萬元以下罰鍰。（公§326Ⅲ）

(二)債權人申報債權

清算人於就任後，應即以3次以上之公告，催告債權人於3個月內申報其債權，並應聲明逾期不申報者，不列入清算之內。但為清算人所明知者，不在此限。其債權人為清算人所明知者，並應分別通知之。（公§327）清算人不得於前條所定之申報期限內，對債權人為清償。但對於有擔保之債權，經法院許可者，不在此限。（公§328Ⅰ）公司對公司法本（328）條第1項未為清償之債權，仍應負遲延給付之損害賠償責任。（公§328Ⅱ）公司之資產顯足抵償其負債者，對於足致前項損害賠償責任之債權，得經法院許可後先行清償。（公§328Ⅲ）

不列入清算內之債權人，就公司未分派之賸餘財產，有清償請求權。但賸餘財產已依第330條分派，且其中全部或一部已經領取者，不在此限。（公§329）清償債務後，賸餘之財產應按各股東股份比例分派。但公司發行特別股，而章程中另有訂定者，從其訂定。（公§330）

五 清算完結

清算完結時，清算人應於15日內，造具清算期內收支表、損益表、連同各項簿冊，送經監察人審查，並提請股東會承認。（公§331Ⅰ）股東會得另選檢查人，檢查前項簿冊是否確當。（公§331Ⅱ）規定為「得」字，代表可選可不選。

簿冊經股東會承認後，視為公司已解除清算人之責任。但清算人有不法行為者，不在此限。（公§331Ⅲ）第1項清算期內之收支表及損益表，應於股東會承認後15日內，向法院聲報。（公§331Ⅳ）清算人違反前項聲報期限之規定時，各處新臺幣1萬元以上5萬元以下罰鍰。（公§331Ⅴ）對於第2項之檢查有妨礙、拒絕或規避行為者，各處新臺幣2萬元以上10萬元以下罰鍰。（公§331Ⅵ）

公司應自清算完結聲報法院之日起，將各項簿冊及文件，保存10年。其保存人，由清算人及其利害關係人聲請法院指定之。（公§332）

清算完結後，如有可以分派之財產，法院因利害關係人之聲請，得選派清算人重行分派。（公§333）

六 相關規定之準用

公司法中，無限公司第六節清算規定中，第83條至第86條、第87條第3項、第4項、第89條及第90條之規定，於股份有限公司之清算準用之。（公§334）

相關考題

股份有限公司之清算人由董事擔任時，下列關於其解任之敘述，何者正確？　(A)僅得由股東會決議解任　(B)股東會應以特別決議解任清算人　(C)僅得由法院裁判解任　(D)法院得因監察人之聲請，將清算人解任　【99初等人事行政-法學大意】	(D)

解析：清算人除由法院選派者外，得由股東會決議解任。（公§323 I）法院因監察人或繼續一年以上持有已發行股份總數百分之三以上股份股東之聲請，得將清算人解任。（公§323 II）有重要事由時，法院得解任清算人。（公§337 I）。

13 清算：特別清算

━ 特別清算之概念

清算之實行發生顯著障礙時，法院依債權人或清算人或股東之聲請或依職權，得命令公司開始特別清算；公司負債超過資產有不實之嫌疑者亦同。但其聲請，以清算人為限。（公§335 I）因此，所謂「特別清算」，是指普通清算之實行發生顯著障礙，或者是公司負債超過資產，而有不實之嫌疑時，依法院之命令開始，且在法院之監督下進行之程序。條文中「顯著障礙」，公司利害關係人之人數眾多，或公司之債權債務關係相當複雜，導致普通清算之實行曠日費時，惟有改採特別清算程序，方得以解決之，即可認定為顯著障礙。

公司法第294條關於破產、和解及強制執行程序當然停止之規定，於特別清算準用之。（公§335 II）特別清算程序之開始，係因普通清算程序，發生顯著之障礙。此時有強制執行或破產等程序存在，為使特別清算程序得順利進行，本條第2項規定準用第294條停止各項有關程序條文。

━ 法院之處分

法院依前條聲請人之聲請，或依職權於命令開始特別清算前，得提前為第339條之處分。（公§336）

━ 清算人之解任

有重要事由時，法院得解任清算人。（公§337 I）清算人缺額或有增加人數之必要時，由法院選派之。（公§337 II）

四 清算人之報告義務

法院得隨時命令清算人，為清算事務及財產狀況之報告，並得為其他清算監督上必要之調查。（公§338）法院認為對清算監督上有必要時，得為公司法第354條第1項第1款（公司財產之保全處分）、第2款（記名式股份轉讓之禁止）或第6款（因前款之損害賠償請求權，對於發起人、董事、監察人、經理人或清算人之財產為保全處分）處分。（公§339）

五 公司債務之清償方式

公司對於其債務之清償，應依其債權額比例為之。但依法得行使優先受償權或別除權之債權，不在此限。（公§340）

六 債權人會議

債權人會議，是指在特別清算程序中，由已經申報債權及為特別清算人所明知債權之普通債權人所組成之會議體，為法定臨時之公司債權人團體之最高意思決定機關。

清算人於清算中，認為有必要時，得召集債權人會議。（公§341 I）占有公司明知之債權總額百分之十以上之債權人，得以書面載明事由，請求清算人召集債權人會議。（公§341 II）公司法第173條第2項於前項準用之。（公§341 III）公司法第340條但書所定之債權（依法得行使優先受償權或別除權之債權），不列入公司法第341條第2項之債權總額。（公§341 IV）債權人會議之召集人，對公司法第341條第4項債權之債權人（依法得行使優先受償權或別除權之債權），得通知其列席債權人會議徵詢意見，無表決權。（公§342）

七 準用規定

公司法第172條第2項、第4項、第183條第1項至第5項、第298條第2項及破產法第123條之規定，於特別清算準用之。（公§343 I）

債權人會議之召集人違反前項準用第172條第2項規定，或違反前項準用第183條第1項、第4項或第5項規定者，處新臺幣1萬元以上5萬元以下罰鍰。（公§343 II）

八 相關文書之造具與提交

清算人應造具公司業務及財產狀況之調查書、資產負債表及財產目錄，提交債權人會議，並就清算實行之方針與預定事項，陳述其意見。（公§344）

九 監理人選任之決議與法院認可

債權人會議，得經決議選任監理人，並得隨時解任之。（公§345 I）前項決議應得法院之認可。（公§345 II）

十 監理人之同意權

清算人為左列各款行為之一者，應得監理人之同意，不同意時，應召集債權人會議決議之。但其標的在資產總值千分之一以下者，不在此限：（公§346 I）

(一)公司財產之處分。

(二)借款。

(三)訴之提起。

(四)成立和解或仲裁契約。

(五)權利之拋棄。

應由債權人會議決議之事項，如迫不及待時，清算人經法院之許可，得為前項所列之行為。（公§346Ⅱ）清算人違反前兩項規定時，應與公司對於善意第三人連帶負其責任。（公§346Ⅲ）公司法第84條第2項但書之規定，於特別清算不適用之。（公§346Ⅳ）

⑪ 協定

清算人得徵詢監理人之意見，對於債權人會議提出協定之建議。（公§347）協定之條件，在各債權人間應屬平等。但第340條但書所定之債權，不在此限。（公§348）清算人認為作成協定有必要時，得請求第340條但書所定之債權人（依法得行使優先受償權或別除權之債權）參加。（公§349）

協定之可決，應有得行使表決權之債權人過半數之出席，及得行使表決權之債權總額四分之三以上之同意行之。（公§350Ⅰ）前項決議，應得法院之認可。（公§350Ⅱ）破產法第136條之規定，於第1項協定準用之。（公§350Ⅲ）

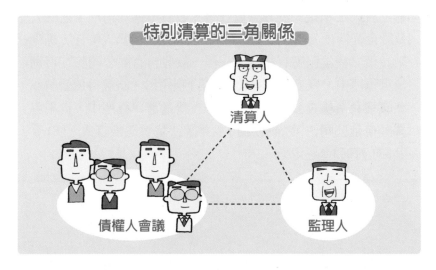

特別清算的三角關係

清算人

債權人會議　　　監理人

協定在實行上遇有必要時，得變更其條件，其變更準用前四條之規定。（公§351）

公司業務及財產之檢查

依公司財產之狀況有必要時，法院得據清算人或監理人，或繼續6個月以上持有已發行股份總數百分之三以上之股東，或曾為特別清算聲請之債權人，或占有公司明知之債權總額百分之十以上債權人之聲請，或依職權命令檢查公司之業務及財產。（公§352Ⅰ）第285條之規定，於前項準用之。（公§352Ⅱ）

實務見解 普通清算程序不容許選派檢查人

公司法第326條第1項規定：「清算人就任後，應即檢查公司財產情形，造具資產負債表及財產目錄，送經監察人審查，提請股東會請求承認後，並即報法院」，既已明定公司於清算中，其財產之檢查由清算人為之，而清算人執行職務應顧及股東之利益，清算人就任後，如有不適任情形，監察人及股東又得依公司法第323條第2項規定將清算人解任，是少數股東之權益已獲有相當之保障，故股份有限公司除在特別清算程序中，有公司法第352條第1項情形，法院得依聲請或依職權命令檢查公司之財產外，在普通清算程序中，自不容許股東依公司法第245條第1項聲請法院選派檢查人。（81台抗331判例）

公司業務及財產之檢查之流程圖

聲請權人

清算人

監理人

6個月以上、
3%股份總數
之股東

曾為特別清
算之債權人

10%以上
債權人

聲請

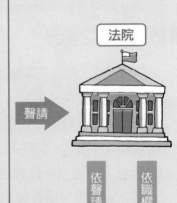
法院

依聲請 　依職權

檢查公司之
業務及財產

圄 檢查人之報告義務

檢查人應將下列檢查結果之事項，報告於法院：（公§353）

㈠發起人、董事、監察人、經理人或清算人依第34條、第148條、第155條、第193條及第224條應負責任與否之事實。

㈡有無為公司財產保全處分之必要。

㈢為行使公司之損害賠償請求權，對於發起人、董事、監察人、經理人或清算人之財產，有無為保全處分之必要。

圖 法院必要之處分

法院據前條之報告，認為必要時，得為下列之處分：（公§354）

㈠公司財產之保全處分。

㈡記名式股份轉讓之禁止。

㈢發起人、董事、監察人、經理人或清算人責任解除之禁止。

㈣發起人、董事、監察人、經理人或清算人責任解除之撤銷；但於特別清算開始起1年前已為解除，而非出於不法之目的者，不在此限。

㈤基於發起人、董事、監察人、經理人、或清算人責任所生之損害賠償請求權之查定。

㈥因前款之損害賠償請求權，對於發起人、董事、監察人、經理人或清算人之財產為保全處分。

🔢 破產之宣告

法院於命令特別清算開始後，而協定不可能時，應依職權依破產法為破產之宣告，協定實行上不可能時亦同。（公§355）

🔢 準用規定

特別清算事項，本目未規定者，準用普通清算之規定。（公§356）

14 閉鎖性股份有限公司

■ 定義

　　閉鎖性股份有限公司，指股東人數不超過50人，並於章程定有股份轉讓限制之非公開發行股票公司。（公§356-1Ⅰ）閉鎖性股份有限公司之最大特點係股份之轉讓受到限制。

　　前項股東人數，中央主管機關得視社會經濟情況及實際需要增加之；其計算方式及認定範圍，由中央主管機關定之。（公§356-1Ⅱ）

　　公司應於章程載明閉鎖性之屬性，並由中央主管機關公開於其資訊網站。（公§356-2）

■ 設立及出資

　　發起人得以全體之同意，設立閉鎖性股份有限公司，並應全數認足第一次應發行之股份。（公§356-3Ⅰ）閉鎖性股份有限公司雖享有較大企業自治空間，惟亦受有不得公開發行及募集之限制，且股東進出較為困難，是以，發起人選擇此種公司型態時，須經全體發起人同意。又基於閉鎖性之特質，不應涉及公開發行或募集，僅允許以發起設立之方式為之，不得以募集設立之方式成立，且發起人應全數認足第一次應發行之股份，以充實公司資本。

　　發起人之出資除現金外，得以公司事業所需之財產、技術或勞務抵充之。但以勞務、信用抵充之股數，不得超過公司發行股份總數之一定比例。（公§356-3Ⅱ）前項之一定比例，由中央主管機關定之。（公§356-3Ⅲ）

以技術或勞務出資者，應經全體股東同意，並於章程載明其種類、抵充之金額及公司核給之股數；主管機關應依該章程所載明之事項辦理登記，並公開於中央主管機關之資訊網站。（公§356-3Ⅳ）另於會計師查核簽證公司之登記資本額時，就非現金出資抵充部分，公司無須檢附鑑價報告，併予敘明。

發起人選任董事及監察人之方式，除章程另有規定者外，準用第198條規定。（公§356-3Ⅴ）第198條規定，係指採取累積投票制。

公司之設立，不適用第132條至第149條及第151條至第153條（募集設立）規定。（公§356-3Ⅵ）

股東會選任董事及監察人之方式，除章程另有規定者外，依第198條規定。（公§356-3Ⅶ）

為讓閉鎖性股份有限公司於設立登記後，股東會選舉董事及監察人之方式，更具彈性，爰增訂第7項，不強制公司採累積投票制，而允許公司得以章程另定選舉方式，惟所謂章程另有規定，僅限章程就選舉方式為不同於累積投票制之訂定。章程另訂之選舉方式，例如對於累積投票制可採不累積之方式，如每股僅有一個選舉權；或採全額連記法；或參照內政部頒訂之會議規範訂定選舉方式，均無不可。

三 不得公開募資

公司不得公開發行或募集有價證券。但經由證券主管機關許可之證券商經營股權群眾募資平臺募資者，不在此限。（公§356-4Ⅰ）前項但書情形，仍受第356-1條之股東人數及公司章程所定股份轉讓之限制。（公§356-4Ⅱ）

四 股份轉讓之限制

公司股份轉讓之限制，應於章程載明。(公§356-5 I)前項股份轉讓之限制，公司印製股票者，應於股票以明顯文字註記；不發行股票者，讓與人應於交付受讓人之相關書面文件中載明。(公§356-5 II)前項股份轉讓之受讓人得請求公司給與章程影本。(公§356-5 III)

五 特別股

公司發行特別股時，應就下列各款於章程中定之：(公§356-7 I)

㈠特別股分派股息及紅利之順序、定額或定率。

㈡特別股分派公司賸餘財產之順序、定額或定率。

㈢特別股之股東行使表決權之順序、限制、無表決權、複數表決權或對於特定事項之否決權。

㈣特別股股東被選舉為董事、監察人之禁止或限制，或當選一定名額之權利。

㈤特別股轉換成普通股之轉換股數、方法或轉換公式。

㈥特別股轉讓之限制。

㈦特別股權利、義務之其他事項。

本於閉鎖性之特質，股東之權利義務如何規劃始為妥適，宜允許閉鎖性股份有限公司有充足之企業自治空間。此外，就科技新創事業而言，為了因應其高風險、高報酬、知識密集之特性，創業家與投資人間，或不同階段出資之認股人間，需要有更周密、更符合企業特質之權利義務安排，爰特別股之存在及設計，經常成為閉鎖性股份有限公司(特別是科技新創事業)設立及運作過程中不可或缺之工具。美國商業實務上，新創事業接受天使投資人或創投事業之投資時，亦多以特別股為之。是以，除第157

條固有特別股類型外，於第3款及第5款放寬公司可發行複數表決權之特別股、對於特定事項有否決權之特別股、可轉換成複數普通股之特別股等；第4款允許特別股股東被選舉為董事、監察人之權利之事項；另如擁有複數表決權之特別股、對於特定事項有否決權之特別股、可轉換成複數普通股之特別股，得隨意轉讓股份，對公司經營將造成重大影響，是以，第6款允許公司透過章程針對特別股之轉讓加以限制。

　　第157條第2項規定，於前項第3款複數表決權特別股股東不適用之。（公§356-7Ⅱ）

六 股東會開會方式

　　公司章程得訂明股東會開會時，以視訊會議或其他經中央主管機關公告之方式為之，但因天災、事變或其他不可抗力情事，中央主管機關得公告公司於一定期間內，得不經章程訂明，以視訊會議或其公告之方式開會。（公§356-8Ⅰ）

　　股東會開會時，如以視訊會議為之，其股東以視訊參與會議者，視為親自出席。（公§356-8Ⅱ）

　　公司章程得訂明經全體股東同意，股東就當次股東會議案以書面方式行使其表決權，而不實際集會。（公§356-8Ⅲ）

　　前項情形，視為已召開股東會；以書面方式行使表決權之股東，視為親自出席股東會。（公§356-8Ⅳ）

　　閉鎖性股份有限公司股東人數較少，股東間關係緊密，且通常股東實際參與公司運作，為放寬股東會得以較簡便方式行之，爰於第1項明定公司股東會開會得以視訊會議或其他經中央主管機關公告之方式為之，並於第2項明定股東以視訊參與會議者，視為親自出席股東會。

為利閉鎖性股份有限公司召開股東會之彈性，爰於第3項明定公司章程得訂明經全體股東同意，股東就當次股東會議案以書面方式行使其表決權，而不實際集會，並於第4項明定視為已召開股東會；以書面方式行使表決權之股東，則視為親自出席股東會。

七 股東表決權之行使

　　股東得以書面契約約定共同行使股東表決權之方式，亦得成立股東表決權信託，由受託人依書面信託契約之約定行使其股東表決權。（公§356-9Ⅰ）前項受託人，除章程另有規定者外，以股東為限。（公§356-9Ⅱ）

　　為使閉鎖性股份有限公司之股東得以協議或信託之方式，匯聚具有相同理念之少數股東，以共同行使表決權方式，達到所需要之表決權數，鞏固經營團隊在公司之主導權，參照企業併購法第10條第1項及第2項規定，於第1項明定閉鎖性股份有限公司股東得訂立表決權拘束契約及表決權信託契約。

　　股東非將第一項書面信託契約、股東姓名或名稱、事務所、住所或居所與移轉股東表決權信託之股份總數、種類及數量於股東常會開會30日前，或股東臨時會開會15日前送交公司辦理登記，不得以其成立股東表決權信託對抗公司。（公§356-9Ⅲ）參酌企業併購法第10條第3項規定，於第3項明定股東應將相關資料送交公司辦理登記，否則不得以其成立股東表決權信託對抗公司。

八 私募公司債

　　公司私募普通公司債，應由董事會以董事三分之二以上之出席，及出席董事過半數同意之決議行之。（公§356-11Ⅰ）

　　公司私募轉換公司債或附認股權公司債，應經前項董事會之

決議，並經股東會決議。但章程規定無須經股東會決議者，從其規定。（公§356-11Ⅱ）

公司債債權人行使轉換權或認購權後，仍受第356-1條之股東人數及公司章程所定股份轉讓之限制。（公§356-11Ⅲ）

第1項及第2項公司債之發行，不適用第246條、第247條、第248條第1項、第4項至第7項、第248-1條、第251條至第255條、第257-2條、第259條及第257條第1項有關簽證之規定。（公§356-11Ⅳ）

九 發行新股

公司發行新股，除章程另有規定者外，應由董事會以董事三分之二以上之出席，及出席董事過半數同意之決議行之。（公§356-12Ⅰ）新股認購人之出資方式，除準用第356-3條第2項至第4項規定外，並得以對公司所有之貨幣債權抵充之。（公§356-12Ⅱ）第1項新股之發行，不適用第267條規定。（公§356-12Ⅲ）

十 變更

公司得經有代表已發行股份總數三分之二以上股東出席之股東會，以出席股東表決權過半數之同意，變更為非閉鎖性股份有限公司。（公§356-13Ⅰ）前項出席股東股份總數及表決權數，章程有較高之規定者，從其規定。（公§356-13Ⅱ）公司不符合第356-1條規定時，應變更為非閉鎖性股份有限公司，並辦理變更登記。（公§356-13Ⅲ）

非公開發行股票之股份有限公司得經全體股東同意，變更為閉鎖性股份有限公司。（公§356-14Ⅰ）全體股東為前項同意後，公司應即向各債權人分別通知及公告。（公§356-14Ⅱ）

15 關係企業

一 關係企業之概念

關係企業，彼此獨立存在，而具有控、從屬關係，或相互投資之企業。本法所稱關係企業，指獨立存在而相互間具有下列關係之企業：（公§369-1）

(一)有控制與從屬關係之公司。

(二)相互投資之公司。

按關係企業之形成，往往藉控制公司對從屬公司之控制或公司間相互投資而達成，為免關係企業立法初創階段規定過於複雜，所以本條明定關係企業之範圍包括有控制與從屬關係之公司及相互投資之公司。至於非公司組織之營利事業或私法人對他公司具有本章規定之控制關係者，則另於公司法第369-16條明定準用本章有關控制公司之規定。

二 控制公司與從屬公司

(一)控制公司與從屬公司之概念

控制公司，指公司持有他公司以表決權之股份總數或資本總額超過半數以上或得以控制他公司之人事、財務或業務經營之公司。

從屬公司，指公司發行有表決權之股份總數或資本總額超過半數以上為其他單一公司所持有或公司人事、財務或業務經營為其他單一公司所控制之公司。

(二)公司法相關規定

公司持有他公司有表決權之股份或出資額，超過他公司已發行有表決權之股份總數或資本總額半數者為控制公司，該他公司為從屬公司。（公§369-2Ⅰ）除前項外，公司直接或間接控制他公

控制公司與從屬公司關係示意圖

乖乖聽話,你可是受我的控制啊!

不要欺負我!不要掏空我!

控制公司　　　從屬公司

司之人事、財務或業務經營者亦為控制公司,該他公司為從屬公司。(公§369-2 II)

本條為控制公司及從屬公司之定義性規定。

公司持有他公司有表決權之股份或出資額超過半數者,實質上已能控制他公司,所以將此種型態於第1項規定為控制公司,他公司為從屬公司。又控制關係之形成通常係藉由表決權之行使而達成,特將股份限於有表決權之股份。

控制公司與從屬公司之形成,基本上在於原各自獨立存在之公司間存有某種控制關係,而一公司對他公司所行使之控制主要表現於任免董事及經理人等之人事權或支配公司財務或業務經營。故公司法第369-2條第2項規定公司直接或間接控制他公司之人事、財務或業務經營者為控制公司,而他公司為從屬公司。

三 控制與從屬關係之推定

有下列情形之一者,推定為有控制與從屬關係:(公§369-3)

㈠公司與他公司之執行業務股東或董事有半數以上相同者。

(二)公司與他公司之已發行有表決權之股份總數或資本總額有半數以上為相同之股東持有或出資者。

四 揭開公司面紗原則

所謂揭開公司面紗原則，是指為保護子公司債權人，法院可接開公司面紗，否定公司與股東各為獨立主體之原則，使公司之股東直接對公司債務負責。

控制公司直接或間接使從屬公司為不合營業常規或其他不利益之經營，而未於會計年度終了時為適當補償，致從屬公司受有損害者，應負賠償責任。（公§369-4Ⅰ）控制公司負責人使從屬公司為前項之經營者，應與控制公司就前項損害負連帶賠償責任。（公§369-4Ⅱ）

控制公司未為第1項之賠償，從屬公司之債權人或繼續1年以上持有從屬公司已發行有表決權股份總數或資本總額百分之一以上之股東，得以自己名義行使前二項從屬公司之權利，請求對從屬公司為給付。（公§369-4Ⅲ）前項權利之行使，不因從屬公司就該請求賠償權利所為之和解或拋棄而受影響。（公§369-4Ⅳ）

五 受有利益從屬公司之連帶責任

控制公司使從屬公司為前（369-4）條第1項之經營，致他從屬公司受有利益，受有利益之該他從屬公司於其所受利益限度內，就控制公司依前（369-4）條規定應負之賠償，負連帶責任。（公§369-5）

六 損害賠償請求權之時效

前二條所規定之損害賠償請求權，自請求權人知控制公司有賠償責任及知有賠償義務人時起，2年間不行使而消滅。自控制公司賠償責任發生時起，逾5年者亦同。（公§369-6）

實務案例 **RCA 事件**

　　美國家電第一品牌RCA公司桃園廠於1970年設廠，營運期間與美國奇異公司（GE）合併，再由湯姆遜公司併購，於1992年出售後正式關廠。1994年由當時的環保署長趙少康召開記者會檢舉，該污染案方才首度曝光，而後該廠區受污染之地下水證實為無法整治。1998年RCA罹癌員工組成自救會，並於2002年向法院聲請對RCA公司資產假扣押。未料，經調查後得知，RCA公司已將近28億元存款匯出海外，該公司於臺灣形同脫產。

　　2009年11月11日地方法院第一次開庭審理。本案有三大爭點：「因果關係」、「時效」和「母子公司負連帶賠償責任」。其中第二爭點「母子公司負連帶賠償責任」，涉及到公司法關係企業中之「揭開公司面紗原則」。

　　所謂揭開公司面紗原則，是指為保護子公司債權人，法院可揭開公司面紗，否定公司與股東各為獨立主體之原則，使公司的個人股東或公司股東直接對公司債務負責。

七 深石原則

(一)概念

　　所謂深石原則（Deep Rock Doctrine）是為了保護少數股東或債權人而發展之原則，其重點在於當子公司破產或重整之際，母公司對子公司之債權，不能與其他債權人共同參加分配，獲分配之順序應次於其他債權人，以避免母公司假借各種名目行掏空子公司之實。

(二)緣由

　　其緣由為深石公司之控制公司為被告，法院認為深石公司成立之初，因為資本不足，且其業務經營受被告所控制，經營目的

也是為了被告之利益，因此判決被告對深石公司之債權，受清償之順序，應該次於深石公司的其他債權。

(三)公司法規定

控制公司直接或間接使從屬公司為不合營業常規或其他不利益之經營者，如控制公司對從屬公司有債權，在控制公司對從屬公司應負擔之損害賠償限度內，不得主張抵銷。（公§369-7Ⅰ）前項債權無論有無別除權或優先權，於從屬公司依破產法之規定為破產或和解，或依本法之規定為重整或特別清算時，應次於從屬公司之其他債權受清償。（公§369-7Ⅱ）

八 通知義務

公司持有他公司有表決權之股份或出資額，超過該他公司已發行有表決權之股份總數或資本總額三分之一者，應於事實發生之日起1個月內以書面通知該他公司。（公§369-8Ⅰ）公司為前項通知後，有下列變動之一者，應於事實發生之日起5日內以書面再為通知：（公§369-8Ⅱ）

  (一)有表決權之股份或出資額低於他公司已發行有表決權之股份總數或資本總額三分之一時。

  (二)有表決權之股份或出資額超過他公司已發行有表決權之股份總數或資本總額二分之一時。

  (三)前款之有表決權之股份或出資額再低於他公司已發行有表決權之股份總數或資本總額二分之一時。

受通知之公司，應於收到公司法第369-8條規定第1、2項通知5日內公告之，公告中應載明通知公司名稱及其持有股份或出資額之額度。（公§369-8Ⅲ）公司負責人違反前三項通知或公告之規定者，各處新臺幣6千元以上3萬元以下罰鍰。主管機關並應責令限期辦理；期滿仍未辦理者，得責令限期辦理，並按次連續各

處新臺幣9千元以上6萬元以下罰鍰至辦理為止。（公§369-8Ⅳ）

九 相互投資公司

公司與他公司相互投資各達對方有表決權之股份總數或資本總額三分之一以上者，為相互投資公司。（公§369-9Ⅰ）

相互投資公司各持有對方已發行有表決權之股份總數或資本總額超過半數者，或互可直接或間接控制對方之人事、財務或業務經營者，互為控制公司與從屬公司。（公§369-9Ⅱ）

相互投資公司知有相互投資之事實者，其得行使之表決權，不得超過被投資公司已發行有表決權股份總數或資本總額之三分之一。但以盈餘或公積增資配股所得之股份，仍得行使表決權。（公§369-10Ⅰ）

公司依第369-8條規定通知他公司後，於未獲他公司相同之通知，亦未知有相互投資之事實者，其股權之行使不受公司法第369-10條第1項限制。（公§369-10Ⅱ）

十 股份或出資額之計算

計算本章公司所持有他公司之股份或出資額，應連同下列各款之股份或出資額一併計入：（公§369-11）

（一）公司之從屬公司所持有他公司之股份或出資額。

（二）第三人為該公司而持有之股份或出資額。

（三）第三人為該公司之從屬公司而持有之股份或出資額。

十一 關係報告書之造具

從屬公司為公開發行股票之公司者，應於每會計年度終了，造具其與控制公司間之關係報告書，載明相互間之法律行為、資金往來及損益情形。（公§369-12Ⅰ）

控制公司為公開發行股票之公司者，應於每會計年度終了，編製關係企業合併營業報告書及合併財務報表。（公§369-12Ⅱ）

　　公司法第369-12條第1、2項書表之編製準則，由證券主管機關定之。（公§369-12Ⅲ）

相關考題

下列對於關係企業之敘述，何者錯誤？　(A)關係企業包括控制與從屬公司以及相互投資公司　(B)控制公司使從屬公司為不合營業常規之經營，應於會計年度終了時為適當補償　(C)控制公司使從屬公司為不利益之經營者，如控制公司對從屬公司有債權，在控制公司對從屬公司應負擔之損害賠償限度內，不得主張抵銷　(D)相互投資公司得行使之表決權，不得超過被投資公司已發行有表決權股份總數二分之一　　　　　　　　　　　【100地方特考五等-法學大意】	(D)
下列關於「控制與從屬公司」之敘述，何者錯誤？　(A)一公司持有他公司有表決權股份超過他公司已發行股份半數者，為控制與從屬關係　(B)一公司直接或間接控制他公司人事、財務或業務經營者，為控制與從屬關係　(C)從屬公司持有控制公司之股份無表決權　(D)控制公司持有從屬公司之股份無表決權　　　　　　　　　　　【103四等司特-法學知識與英文】	(D)
下列關於股份有限公司股份表決權之敘述，何者錯誤？　(A)公司可以發行無表決權或限制表決權之特別股　(B)相互投資公司，其所得行使之表決權，得超過被投資公司已發行有表決權股份總數之二分之一　(C)公司依法持有自己之股份，其股份無表決權　(D)公司各股東，除有法律特別規定，每股有一表決權　　　　　　　　　　　【103四等地特-法學知識與英文】	(B)

相關考題

A 公司、B 公司均為股份有限公司。A 公司已發行 900 萬股普通股、B 公司已發行 1200 萬股普通股。A公司持有B 公司 420 萬股，B 公司持有A 公司 310 萬股，A、B 公司知有相互持股之事實，則各得於對方所召開之股東會行使之表決權股數為何？ (A)A 公司得行使 400 萬股表決權、B 公司得行使 300 萬股表決權 (B)A 公司得行使 420 萬股表決權、B 公司得行使 300 萬股表決權 (C)A 公司得行使 400 萬股表決權、B 公司得行使 310 萬股表決權 (D)A 公司得行使 420 萬股表決權、B 公司得行使 310 萬股表決權 【107高考-法學知識與英文】	(A)
關於股東表決權之行使，下列敘述，何者錯誤？ (A)A 公司依法持有自己之股份，無表決權　(B)A 公司直接或間接持有 B 公司已發行股份總數 30%，且可指派過半數董事，A 公司為 B 公司之控制公司，故其所持有B 公司之股份，無表決權　(C)甲持有 A 公司公開發行公司之股份，並為該公司董事，甲以股份設定質權超過其選任當時所持有公司股份總數二分之一，其超過之股份不得行使表決權　(D)A 公司為非公開發行公司，除信託事業或經證券主管機關核准之股務代理機構外，一人同時受二人以上委託出席A 公司之股東會，其代理之表決權數不得超過已發行股份總數表決權之3%，超過時其超過之表決權，不予計算 【107三等警察-法學知識與英文】	(B)
A 股份有限公司共有 7 名董事，分別為甲乙丙丁戊己庚。而 B 股份有限公司則設有 5 名董事，分別為甲丙丁戊壬。A 公司並持有 B 公司已發行有表決權股份總數之 35%；B 公司則持有 A 公司已發行有表決權股 份總數之 30%。依此條件，下列關於 A、B 公司之敘述何者正確？ (A)A 公司與 B 公司相互持股各達對方有表決權股份總數四分之一以上，故為相互投資公司 (B)A 公司與 B 公司不符合控制與從屬關係之持股成數形式認定要件，因此 A、B 公司不具控制與從屬關係 (C)A 公司持有 B 公司有表決權股份總數達三分之一以上，故兩者為相互投資公司 (D)A 公司與 B 公司之董事有半數以上相同，故推定為有控制與從屬關係　【110高考-法學知識與英文】	(D)

16 外國公司

━ 外國公司之名稱

外國公司在中華民國境內設立分公司者，其名稱，應譯成中文，並標明其種類及國籍。（公 §370）

━ 外國公司之認許

外國公司非經辦理分公司登記，不得以外國公司名義在中華民國境內經營業務。（公 §371 I）違反前項規定者，行為人處1年以下有期徒刑、拘役或科或併科新臺幣15萬元以下罰金，並自負民事責任；行為人有2人以上者，連帶負民事責任，並由主管機關禁止其使用外國公司名稱。（公 §371 II）

外國公司有下列情事之一者，不予認許：（公 §373）

㈠其目的或業務，違反中華民國法律、公共秩序或善良風俗者。

㈡申請登記事項或文件，有虛偽情事者。

外國公司在中華民國境內設立分公司後，無意在中華民國境內繼續營業者，應向主管機關申請廢止分公司登記。但不得免除廢止登記以前所負之責任或債務。（公 §378）

━ 最低資本額之限制及公司負責人

外國公司在中華民國境內設立分公司者，應專撥其營業所用之資金，並指定代表為在中華民國境內之負責人。（公 §372 I）

外國公司在中華民國境內之負責人於登記後，將前項資金發還外國公司，或任由外國公司收回者，處5年以下有期徒刑、拘役或科或併科新臺幣50萬元以上250萬元以下罰金。（公§372Ⅱ）

有前項情事時，外國公司在中華民國境內之負責人應與該外國公司連帶賠償第三人因此所受之損害。（公§372Ⅲ）

第2項經法院判決有罪確定後，由中央主管機關撤銷或廢止其登記。但判決確定前，已為補正者，不在此限。（公§372Ⅳ）

外國公司之分公司之負責人、代理人、受僱人或其他從業人員以犯刑法偽造文書印文罪章之罪辦理設立或其他登記，經法院判決有罪確定後，由中央主管機關依職權或依利害關係人之申請撤銷或廢止其登記。（公§372Ⅴ）

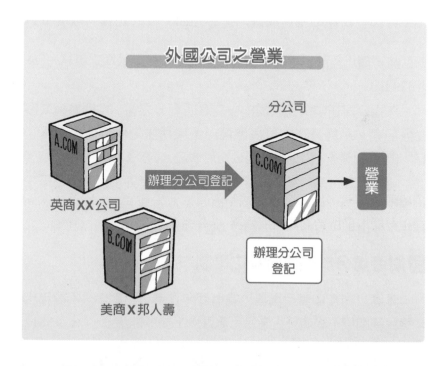

外國公司於中華民國境內設立分公司者，應將章程備置於其分公司，如有無限責任股東者，並備置其名冊。（公§374Ⅰ）外國公司在中華民國境內之負責人違反前項規定，各處新臺幣1萬元以上5萬元以下罰鍰。再次拒不備置者，並按次處新臺幣2萬元以上10萬元以下罰鍰。（公§374Ⅱ）

四 撤銷或廢止認許

有下列情事之一者，主管機關得依職權或利害關係人之申請，廢止外國公司在中華民國境內之分公司登記：（公§379Ⅰ）

㈠外國公司已解散者。

㈡外國公司已受破產之宣告者。

㈢外國公司在中華民國境內之分公司，有第10條各款情事之一。

前項廢止登記，不影響債權人之權利及外國公司之義務。（公§379Ⅱ）

外國公司在中華民國境內設立之所有分公司，均經撤銷或廢止登記者，應就其在中華民國境內營業所生之債權債務清算了結，末了之債務，仍由該外國公司清償之。（公§380Ⅰ）

前項清算，除外國公司另有指定清算人者外，以外國公司在中華民國境內之負責人或分公司經理人為清算人，並依外國公司性質，準用本法有關各種公司之清算程序。（公§380Ⅱ）

五 財產處分於清算時期之限制

外國公司在中華民國境內之財產，在清算時期中，不得移出中華民國國境，除清算人為執行清算外，並不得處分。（公§381）

六 負責人與經理人之連帶責任

外國公司在中華民國境內之負責人、分公司經理人或指定清算人，違反前二條規定時，對於外國公司在中華民國境內營業，或分公司所生之債務，應與該外國公司負連帶責任。（公§382）

七 無意設立分公司方式營業之備案：代表人辦事處

外國公司因無意在中華民國境內設立分公司營業，未經申請分公司登記而派其代表人在中華民國境內設置辦事處者，應申請主管機關登記。（公§386Ⅰ）

外國公司設置辦事處後，無意繼續設置者，應向主管機關申請廢止登記。（公§386Ⅱ）

辦事處代表人缺位或辦事處他遷不明時，主管機關得依職權限期令外國公司指派或辦理所在地變更；屆期仍不指派或辦理變更者，主管機關得廢止其辦事處之登記。（公§386Ⅲ）

相關考題

依公司法的規定，我國對外國公司不予認許的情事中，不包括下列何者在內？　(A)其目的或業務，違反中華民國法律者　(B)其目的或業務，違反中華民國公共秩序或善良風俗者　(C)公司之認許事項或文件，有虛偽情事者　(D)其投資資金來源，非屬中華民國國民者　【100地方特考五等-法學大意】	(D)

註：已修法，文字上有修正。

17 公司之登記及認許

一 公司登記之申請

申請本法各項登記之期限、應檢附之文件與書表及其他相關事項之辦法，由中央主管機關定之。(公§387Ⅰ)

前項登記之申請，得以電子方式為之；其實施辦法，由中央主管機關定之。(公§387Ⅱ)

前二項之申請，得委任代理人，代理人以會計師、律師為限。(公§387Ⅲ)

代表公司之負責人或外國公司在中華民國境內之負責人申請登記，違反依第1項所定辦法規定之申請期限者，處新臺幣1萬元以上5萬元以下罰鍰。(公§387Ⅳ)

代表公司之負責人或外國公司在中華民國境內之負責人不依第1項所定辦法規定之申請期限辦理登記者，除由主管機關令其限期改正外，處新臺幣1萬元以上5萬元以下罰鍰；屆期未改正者，繼續令其限期改正，並按次處新臺幣2萬元以上10萬元以下罰鍰，至改正為止。(公§387Ⅴ)

二 不予登記

主管機關對於各項登記之申請，認為有違反本法或不合法定程式者，應令其改正，非俟改正合法後，不予登記。(公§388)

🔢 登記之更正

申請人於登記後，確知其登記事項有錯誤或遺漏時，得申請更正。（公§391）

🔢 登記之證明書

各項登記事項，主管機關得核給證明書。（公§392）

🔢 登記之查閱或抄錄

公司登記文件，公司負責人或利害關係人，得聲敘理由請求查閱、抄錄或複製。但主管機關認為必要時，得拒絕抄閱或限制其範圍。（公§393Ⅰ）

下列事項，主管機關應予公開，任何人得向主管機關申請查閱、抄錄或複製：（公§393Ⅱ）

㈠公司名稱；章程訂有外國名稱者，該名稱。

㈡所營事業。

㈢公司所在地，設有分公司者，其所在地。

㈣執行業務或代表公司之股東。

㈤董事、監察人姓名及持股。

㈥經理人姓名。

㈦資本總額或實收資本額。

㈧有無複數表決權特別股、對於特定事項具否決權特別股。

㈨有無第157條第1項第5款、第356-7條第1項第4款之特別股。

㈩公司章程。

公司法第393條第2項第1款至第9款，任何人得至主管機關之資訊網站查閱；第10款，經公司同意，亦同。（公§393Ⅲ）

六 公司解散之廢止登記

公司之解散，不向主管機關申請解散登記者，主管機關得依職權或據利害關係人申請，廢止其登記。（公§397Ⅰ）

主管機關對於前項之廢止，除命令解散或裁定解散外，應定30日之期間，催告公司負責人聲明異議；逾期不為聲明或聲明理由不充分者，即廢止其登記。（公§397Ⅱ）

七 規費

依本法受理公司名稱及所營事業預查、登記、查閱、抄錄、複製及各種證明書等之各項申請，應收取費用；其費用之項目、費額及其他事項之準則，由中央主管機關定之。（公§438）

相關考題	任何人得查閱、抄錄事項

關於股份有限公司之資訊，下列何者係任何人得向主管機關申請查閱或抄錄之事項？ (A)公司章程 (B)閉鎖性股份有限公司之股東非現金出資所繳納之股款金額 (C)實收資本額與資本公積 (D)董監事之姓名、住址、持股　　　　　　【109高考-法學知識與英文】	(A)

註：公司法第393條第2項。

Note

Note

Note

《圖解法學緒論》

法學緒論難讀易混淆
圖例解析一次就看懂

　　法學緒論難以拿高分最大的問題在於範圍太廣，憲法、行政法、民法、刑法這四科，就讓人望而生畏、頭暈目眩了。筆者將多年分析的資料整理起來，將歷年菁華考題與解析集結成冊，讓讀者能隨時獲得最新的考題資訊。

《圖解行政法》

行政法體系龐雜包羅萬象
圖解行政法一本融會貫通

　　本書以考試實務為出發點，以理解行政法的概念為目標。輔以淺顯易懂的解說與一看就懂的圖解，再加上耳熟能詳的實例解說，讓你一次看懂法條間的細微差異。使你實力加分，降低考試運氣的比重，那麼考上的機會就更高了。

《圖解憲法》

憲法理論綿密複雜難懂
圖例解題讓你即學即用

　　反省傳統教科書與考試用書的缺點，將近年重要的憲法考題彙整，找出考試趨勢，再循著這條趨勢的脈絡，參酌憲法的基本架構，堆疊出最適合學習的憲法大綱，透過網路建置一套完整的資料增補平台，成為全面性的數位學習工具。

最深入淺出的國考用書

《圖解民法》

**民法千百條難記易混淆
分類圖解後馬上全記牢**

　　本書以考試實務為出發點，由時間的安排、準備，到民法的體系與記憶技巧。並輔以淺顯易懂的解說與一看就懂的圖解，再加上耳熟能詳的實例解說，讓你一次看懂法條間的細微差異。

《圖解刑法》

**誰說刑法難讀不易瞭解？
圖解刑法讓你一看就懂！**

　　本書以圖像式的閱讀，有趣的經典實際案例，配合輕鬆易懂的解說，以及近年來的國家考試題目，讓讀者可將刑法的基本觀念印入腦海中。還可以強化個人學習的效率，抓準出題的方向。

《圖解刑事訴訟法》

**刑事訴訟法程序易混淆
圖解案例讓你一次就懂**

　　競爭激烈的國家考試，每一分都很重要，不但要拼運氣，更要拼實力。如果你是刑事訴訟法的入門學習者，本書的圖像式記憶，將可有效且快速地提高你的實力，考上的機率也就更高了。

《圖解國文》

**典籍一把抓、作文隨手寫
輕鬆掌握國考方向與概念**

　　國文，是一切國家考試的基礎。習慣文言文的用語與用法，對題目迎刃而解的機率會提高很多，本書整理了古文名篇，以插圖方式生動地加深讀者印象，熟讀本書可讓你快速地掌握考試重點。

十力
文化

十力文化《圖解法律系列

《刑事訴訟》

刑事訴訟法並不是討論特定行為是否成立刑法罪名的法律,主要是建立一套保障人權、追求正義的調查、審判程序。 而「第一次打官司就 OK!」系列,並不深究學說上的理論,旨在如何讓讀者透過圖解的方式,快速且深入理解刑事訴訟法的程序與概念。

《圖解數位證據》

讓法律人能輕鬆學習
數位證據的攻防策略

數位證據與電腦鑑識領域一直未獲國內司法機關重視,主因在於法律人普遍不瞭解,導致實務上欠缺審理能力。藉由本書能讓法律人迅速瞭解數位證據問題的癥結所在,以利法庭攻防。

《圖解車禍資訊站》

車禍糾紛層出不窮!保險有用嗎?國家賠償如何申請?

作者以輕鬆的筆調,導引讀者學習車禍處理的基本觀念,並穿插許多案例,讓讀者從案例中,瞭解車禍處理的最佳策略。也運用大量的圖、表、訴狀範例,逐一解決問題。

《圖解不動產買賣》

買房子一定要知道的基本常識!一看就懂的工具書!

多數的購屋者因為資訊的不透明,以及房地產業者拖延了許多重要法律的制定,導致購屋者成為待宰羔羊。作者希望本書能讓購屋者照著書中的提示,在購屋過程中瞭解自己在法律架構下應有的權利。

最輕鬆易讀的法律書籍

《圖解法律記憶法》

這是第一本專為法律人而寫的記憶法書籍！

記憶，不是記憶，而是創意。記憶法主要是以創意、想像力為基礎，在大腦產生神奇的刻印功效。透過記憶法的介紹，讓大多數的考生不要再花費過多的時間在記憶法條上，而是運用這些方法到考試科目，是筆者希望能夠完成的目標。

《圖解民事訴訟法》

本書透過統整、精要但淺白的圖像式閱讀，有效率地全盤瞭解訴訟程序！

民法與民事訴訟法，兩者一為實體法，一為程序法。換個概念舉例，唱歌比賽中以歌聲的好壞決定優勝劣敗，這就如同民法決定當事人間的實體法律關係；而民事訴訟法就好比競賽中的規則、評判準則。

《圖解公司法》

透過圖解和實例，強化個人學習效率！

在國家考試中，公司法常常是讓讀者感到困擾的一科，有許多讀者反應不知公司法這一科該怎麼讀？作者投入圖解書籍已多年，清楚瞭解法律初學者看到艱澀聱牙的法律條文時，往往難以立即進入狀況，得耗費一番心力才能抓住法條重點，本書跳脫傳統的讀書方法，讓你更有效率地全盤瞭解公司法！

《圖解失敗的科學》

失敗 ≠ 無用；失敗 ≠ 魯蛇！
學習解析失敗，開啟事業巔峰。

　　曾任日本福島核電廠事故調查委員會委員長
的作者，集結多年學術研究與實務輔導經驗，教
你從中發現失敗的規則性，以及其中所蘊藏的契
機，學習善用失敗學，不論企業營運或個人發展，
皆能掌握先機、逆轉勝！

《圖解理財幼幼班 慢賺的修練》

魔鬼不只在細節裡，更在你的大腦裡；
從心理學、腦科學的角度切入，
抽絲剝繭找出最佳投資標的。

　　作者運用多年教授理財課程之經驗，點出初學者
的投資理財盲點，從法律層面、心理學、腦科學角度
切入，教你培養自己投資的眼光，找出理財的陷阱，
打造財富自由的人生。

《圖解記憶法 給大人的記憶術》

誰說年紀越大，記憶力就越差？
日本大學聯考之神特別傳授的大腦
回春術！

　　不用羨慕別人的記憶力好，只要掌握大腦各區的
喜好與特性，就能輕鬆記憶。本書教你透過訓練，學
習記的3步驟、10個提高記憶效率的基本原則，
聰明活化大腦，破解記憶盲點，擺脫健忘毛病。

——最全方位實用書籍

《圖解魅力學
人際吸引法則》

好人緣不是天生，善用技巧，就能成為魅力高手！

　　從系統一（感性）與系統二（理性）觀點出發，瞭解大腦思考模式和行為心理學，不只可以運用在人際關係，市場行銷上更是隨處可見，運用這些行銷手法，就能建立自我品牌形象，成功推銷自己、打造好人緣！

《圖解小文具大科學
辦公室的高科技》

給追求知識與品味生活的文具迷，一本不可不知的文具科學圖解書。

　　文具產業可說是科學技術發展的博物館，集結了現代科學如數學、化學、光學等技術之精華，本書挑選常用的代表性文具，解析其發展歷程與科學秘密，透過本書上一堂令人驚嘆的文具科學課！

《圖解屁的成分——3小時
瞭解人體結構與器官運作》

瞭解人體的奧妙，
自己的身體自己保養。

　　醫學相關知識在一般人的印象中是難懂的，作者用淺顯易懂的例子搭配圖解，從功能性著手介紹人體組織架構，從最小的細胞到全身的器官、骨骼；從外在皮膚到內部器官運作，藉此掌握養生秘笈。

《圖解二十一世紀資本論
皮凱提觀點完全解說》

皮凱提經濟分析的濃縮精華書！

　　「二十一世紀資本論」究竟在談論什麼？為什麼能風靡全球？專為那些沒時間看或看不懂的讀者，統整 5 個章節、80 項主題，從讀者最常遇到的問題點切入，配合圖解、深入淺出地解說皮凱提的經濟觀點。

國家圖書館出版品預行編目資料

圖解公司法：國家考試的第一本書(第四版)
作　　者：錢世傑
臺 北 市：十力文化　2024.05
規　　格：336 頁；14.8×21.0 公分
I S B N：978-626-97556-8-4 (平裝)
1.公司法
587.02　　　　　　　　　　　113005244

國 考 館　　S2402

圖解公司法／國家考試的第一本書（第四版）

作　　者	錢世傑
總 編 輯	劉叔宙
封面設計	陳綺男
書籍插圖	劉鑫鋒
美術編輯	林子雁
出 版 者	十力文化出版有限公司
公司地址	11675 台北市文山區萬隆街45-2號
聯絡地址	11699 台北郵政93-357信箱
劃撥帳號	50073947
電　　話	（02）2935-2758
電子郵件	omnibooks.co@gmail.com

ISBN　978-626-97556-8-4

出版日期	第四版第一刷	2024 年 5 月
	第三版第一刷	2020 年 4 月
	第二版第一刷	2016 年 7 月
	第一版第一刷	2012 年 3 月

定 價　620元

地址：

姓名：

十力文化出版有限公司　企劃部收

地址：11699 台北郵政 93-357 號信箱

傳真：（02）2935-2758

E-mail：omnibooks.co@gmail.com

讀 者 回 函

　　無論你是誰，都感謝你購買本公司的書籍，如果你能再提供一點點資料和建議，我們不但可以做得更好，而且也不會忘記你的寶貴想法喲！

姓名／　　　　　　　　　　性別／□女□男　　生日／　　　年　　　月　　　日
聯絡地址／
電子郵件／　　　　　　　　　　　　　　連絡電話／

職業／□學生　　　　□教師　　　　□內勤職員　　□家庭主婦　　□家庭主夫
　　　□在家上班族　□企業主管　　□負責人　　　□服務業　　　□製造業
　　　□醫療護理　　□軍警　　　　□資訊業　　　□業務銷售　　□以上皆是
　　　□以上皆非　　□請你猜猜看
　　　□其他：

你為何知道這本書以及它是如何到你手上的？
　　　請先填書名：
　　　□逛書店看到　　□廣播有介紹　　□聽到別人說　　□書店海報推薦
　　　□出版社推銷　　□網路書店有打折　□專程去買的　　□朋友送的　　□撿到的

你為什麼買這本書？
　　　□超便宜　　　□贈品很不錯　　□我是有為青年　□我熱愛知識　□內容好感人
　　　□作者我認識　□我家就是圖書館　□以上皆是　　□以上皆非
　　　其他好理由：

哪類書籍你買的機率最高？
　　　□哲學　　　　□心理學　　　□語言學　　　□分類學　　　□行為學
　　　□宗教　　　　□法律　　　　□人際關係　　□自我成長　　□靈修
　　　□型態學　　　□大眾文學　　□小眾文學　　□財務管理　　□求職
　　　□計量分析　　□資訊　　　　□流行雜誌　　□運動　　　　□原住民
　　　□散文　　　　□政府公報　　□名人傳記　　□奇聞逸事　　□把哥把妹
　　　□醫療保健　　□標本製作　　□小動物飼養　□和賺錢有關　□和花錢有關
　　　□自然生態　　□地理天文　　□有圖有文　　□真人真事
　　　請你自己寫：